Couvertures supérieure et inférieure
manquantes

LE
RHIN FRANÇAIS

LE
RHIN FRANÇAIS

PAR

CAMILLE FARCY

PARIS
A. QUANTIN, IMPRIMEUR-ÉDITEUR
7, RUE SAINT-BENOIT
1880

PRÉFACE

Je voudrais inscrire en tête de cet ouvrage les noms des hommes de cœur qui m'ont guidé dans mes recherches, aidé de leurs avis, soutenu de leurs conseils. Cette satisfaction m'est interdite. Je ne leur en dédie pas moins, dans ma pensée, *le Rhin français*.

C'est grâce à leur concours que j'ai pu étudier l'esprit des populations d'Alsace-Lorraine, me donner le spectacle de la vie administrative allemande et formuler, sur les hommes et les choses, des opinions raisonnées, dont la mise en lumière dissipera, je l'espère, les idées fausses répandues dans ces derniers temps sur les vœux et les tendances de nos chères provinces perdues.

La dictature prussienne, sous toutes ses formes, a échoué dans l'œuvre de germanisation. *Le pays d'empire* resté ce qu'il était le lendemain de la conquête, entre dans une nouvelle ère historique au moment même où l'Allemagne, dont la puissance d'expansion décroît de jour en jour, commence à douter d'elle-même. A l'âge d'or, des milliards joyeusement égrenés, à l'âge d'argent de la suprématie incontestée, a succédé l'âge d'airain des échecs diplomatiques, du déficit budgétaire, des désastres économiques, de la misère sans remède.

Ce livre arrive à son heure. Il marque un instant psychologique. L'aube du jour souhaité, encore incertaine, mais perceptible, se lève à l'horizon européen.

Ai-je tort de croire que l'idée patriotique renaît au fond des cœurs? que le voile des mères en deuil s'écarte doucement du visage de la France rajeunie, que le fantôme de la défaite, des découragements sceptiques, des terreurs injustifiées, ne hante plus les esprits et qu'on se reprend à espérer?

L'accueil que rencontrera ce volume me l'apprendra!

C. F.

LE
RHIN FRANÇAIS

CHAPITRE PREMIER.

Ce que j'ai été faire en Alsace-Lorraine. — Une conversation en sleeping car. *— La gare d'Avricourt. — La restauration. — Les chemins de fer alsaciens-lorrains. — Un enfant de cinq ans. — L'arrivée à Strasbourg.*

J'ai voulu revoir, neuf années après nos désastres et nos deuils, la rive du vieux *Rhin français* et la vallée de la Moselle, ces terres d'Alsace-Lorraine où se rencontrent tant de souvenirs de victoires gauloises et de luttes locales héroïquement soutenues contre l'envahisseur allemand, ces populations simples de mœurs, inhabiles à se faire valoir, pour lesquelles le patriotisme sans phrases a toujours été un culte et le devoir civique une habitude.

Quand l'Autrichien, sûr de l'avenir autant qu'on peut l'être ici-bas, montait la garde sur la place Saint-Marc, on voyait parfois errer dans Venise asservie quelques étudiants de l'Italie des Alpes, de ce pauvre coin de terre resté libre : le Piémont. Ils venaient là prendre des leçons de patience raisonnée, de courage silencieux et d'énergie nationale, au contact d'une Vénétie courbée sous le joug, mais non domptée. Quel ressort que la foi dans le triomphe du juste! Quelle semence d'union pour un peuple que l'ardente volonté de briser ses fers!

Des traités étaient en vigueur en ce temps-là aussi solides que celui de Francfort. On les respectait; mais tout Italien, de Suze à Venise, du golfe de Gênes au golfe de Naples, les considérait comme de simples entr'actes de l'histoire. Les générations se succédaient sans perdre leur croyance dans une Italie libre.

Il y a des vérités géographiques et des contrats nationaux antérieurs et supérieurs à toutes les œuvres, hautes ou basses, de la diplomatie. Les congrès ne sont, après tout, que des tribunaux d'exception. En affichant, sans pudeur, comme le principe fondamental de la politique contemporaine, sa fameuse maxime : « La force prime le droit », M. de Bismarck n'a fait preuve que de cynisme. Il n'a rien inventé. Les conquérants anciens et modernes ne l'ont-ils pas mise en action? N'ont-ils pas essayé d'en imposer éternellement es conséquences aux peuples vaincus? Mais qu'on me montre un mensonge historique, géographique et social brutalement imposé qui soit devenu avec le temps une vérité. Est-ce que Josué empêche la terre de tourner? Est-ce que le droit, ce souverain du monde, selon la magnifique expression de Mirabeau, ne trouve pas un jour ses Galilées?

Qu'on ne m'accuse donc pas, en parlant du *Rhin français*, de m'inscrire en nullité contre le traité de Francfort. Je le prends pour aussi valable, quoique particulier, que ceux de Vienne ou de Paris, à la rédaction desquels ont collaboré tous les diplomates d'Europe. Durera-t-il autant que M. de Bismarck, ou verrons-nous de nouvelles générations se succéder, agenouillées humblement dans la poussière aux pieds de la colossale Germania appuyée sur un fusil Mauser et coiffée du casque à pointe? Je n'essaie pas de le prévoir. J'observe et je raconte ; mais il est permis, faisant œuvre historique et nationale, de constater par le titre même de cet ouvrage que la rive gauche du Rhin n'est pas plus une rive allemande, ou la Moselle un cours d'eau germain, que le Mincio n'est jadis devenu une rivière autrichienne.

Je puis rappeler, je pense, sans entraîner une conflagration européenne, que l'Alsace et la Lorraine ne sont pas seulement nos sœurs de race et d'alliance, mais qu'elles font partie de la communion d'idées politiques et de principes sociaux qui a nom Révolution française, ayant été les premières à combattre la Sainte-Alliance sur la frontière républicaine, au nom du droit moderne. La Fédération ne les a-t-elle pas sacrées plus françaises que les traités formels de Chambord, d'Illkirck et de Ryswick? M. de Bismarck ne s'est pas contenté de déchirer ces documents vénérables, il a annulé dans ses conséquences cette grande date historique : 1789, pour près de deux millions d'hommes.

Ayant en vue l'étude des procédés de la conquête et des tentatives de germanisation, résolu à dire tout ce que je pense sur l'état de l'opinion publique en Alsace comme en Lorraine, parce que je crois le moment venu de le faire, on comprendra qu'avant de formuler un jugement sur ces provinces aujourd'hui allemandes, je rappelle sommairement ce qu'elles étaient avant la conquête.

La signature du traité de Francfort et le respect international qu'on doit à un instrument aussi sérieux m'empêcheront-ils de remettre en la mémoire de tous que le patriotisme français des départements cédés ne supportait pas la discussion? Ils fournissaient à l'armée le meilleur de son contingent. L'Alsace, terre de liberté et de franchises municipales, donnait naissance à une race de soldats essentiellement disciplinés et de vétérans sans reproche. La Lorraine, comme l'a si bien dit M. d'Haussonville, était le pays de France qui comptait dans sa population masculine le plus de guerriers et dans sa population féminine le plus de sœurs de charité. Les villageoises de ces riches contrées refusaient souvent de s'unir aux jeunes gens qui n'avaient pas vécu à l'ombre du drapeau tricolore. Fabert, Ney, Victor, Oudinot, Gouvion-Saint-Cyr, Molitor, Gérard, Lobau, Excelmans, Duroc, Custine, Richepanse, Lasalle, Paixhans, Drouot étaient Lorrains[1]; Kléber, Kellermann, Cohorn, Rapp, Bruat et bien d'autres étaient Alsaciens.

C'est sur cette terre féconde en héros, au milieu de ces souvenirs de gloire, que M. de Bismarck, sans tenir compte de l'entêtement proverbial des Alsaciens-Lorrains, entreprit, dès 1871, l'œuvre de germanisation.

J'ai parcouru l'Alsace et la Lorraine aussitôt après la signature de la paix de Francfort. Les villes étaient à moitié détruites, les campagnes ravagées, les populations décimées, les richesses gaspillées, la foi nationale foulée aux pieds. Partout l'image de la plus brutale des conquêtes. La soldatesque sans

---

1. Des districts cédés et des arrondissements restés français.

frein s'acharnait sur une grande image qu'elle rencontrait à chaque coin de rue dans les villes, derrière chaque buisson dans les campagnes, l'ombre de la France en deuil.

Peu à peu la conquête se régularisa. On cessa de tirer vengeance à coups de sabre des manifestations les plus innocentes et de souffleter en public les femmes ornées de rubans aux couleurs françaises. L'administration, une dictature organisée, hérita de l'apostolat qu'avait si lourdement exercé jusque-là l'armée. On comprit à Berlin qu'il fallait, pour rallier l'Alsace-Lorraine à la *culture allemande*, des procédés moins sommaires, un semblant de justice, et le lent travail qui aboutit à la séduction de M. Auguste Schnéegans et de quelques comparses indignes commença.

Qu'importaient, en somme, le petit nombre et la qualité des transfuges? Il s'agissait bien de cela. L'Alsace-Lorraine restait libre de se rallier de cœur ou non à l'idée germanique, pourvu que l'Europe et surtout la France, habilement trompées par les récits mensongers des feuilles à la solde de la chancellerie, crussent à la germanisation ; pourvu qu'à Paris l'opinion, si facile à égarer à l'aide d'aperçus superficiels, cessât de compter sur le patriotisme français des Alsaciens-Lorrains. Priver la vieille Gaule de ce merveilleux ferment de gloire, de cet outil d'unité, de ce levier qui soulève les montagnes : un objectif national, tel était le projet soigneusement caressé par M. de Bismarck.

Le moment était bien choisi. La France luttait péniblement pour ses libertés et payait les erreurs d'une ère de chauvinisme par les déboires d'une ère de découragement. Autant elle s'était montrée extrême dans sa confiance, autant elle s'exagérait la portée historique de malheurs dont elle n'était qu'à demi responsable. Nous nous enfoncions dans le scepticisme et le deuil national avec une ardeur de renoncement qui s'affirmait en raison inverse de nos anciens désirs de suprématie universelle. Engourdis sous le regard de caméléon du chancelier de l'empire d'Allemagne, nous avions perdu tout ressort.

Notre monde politique pousse à fond ses terreurs comme notre armée ses paniques. Le public, façonné aux mœurs de la centralisation à outrance, ne se rendant compte, par ignorance historique et géographique, ni de l'immense perte que nous avions faite, ni des questions soulevées par un pareil démembrement, ni des douleurs de ces provinces autour desquelles l'Allemagne a élevé une sorte de muraille de la Chine, se laissa peu à peu envahir par l'opinion fabriquée dans les feuilles allemandes, transmise par les mille voix des agences et machinalement reproduite par les journaux français, que l'Alsace-Lorraine, sans se germaniser, dans le sens étroit du mot, acceptait plus philosophiquement que de raison la situation qui lui était faite.

Mais le temps marche et nous pousse, les périodes historiques se succèdent sans se ressembler, et la vérité reprend ses droits. Un mouvement encore inconscient mais appréciable s'est opéré dans les esprits. On étudie, on veut savoir, on reprend courage.

Les étrangers ont été les premiers à s'apercevoir de ce réveil. Ils l'attribuent à la consolidation des institutions républicaines et à la rupture de l'alliance des trois empereurs. C'est ce que m'expliquait un de mes compagnons du train international de Paris à Vienne que je devais abandonner à Strasbourg.

Sauter sur le marchepied d'un *sleeping car*, c'est déjà sortir de France. Le compartiment où vous prenez place, et dont les canapés se transformeront tout à l'heure en autant de lits confortables, est presque toujours occupé par des voyageurs à lointain objectif, habitués à franchir sans sourciller les frontières et les lignes de douane. Ce sont des Viennois, des Hongrois, des Roumains qui viennent de prendre le ton sur nos boulevards, de placer leurs fils dans nos lycées ou de conclure quelque grande affaire. La locomotive n'a pas donné son dernier coup de sifflet que la conversation s'engage entre gens liés d'avance par ces points de contact : l'habitude des voyages et le goût des choses françaises.

Mon voisin était un grand industriel hongrois, possesseur de mines dans les Carpathes. Nous tenions tous deux à la main le même journal du soir. Il n'en fallut pas plus pour nous mettre d'accord. La lecture d'une note empruntée à une feuille semi-officielle russe, au sujet de « la guerre de plume » engagée entre Berlin et Pétersbourg servit d'entrée en matière.

« Vous êtes Français, me dit M. de X., ou Alsacien — ce qui est la même chose — puisque vous nous quittez à Strasbourg; expliquez-moi donc pourquoi, ni dans vos journaux, ni dans vos salons politiques, il n'est question qu'en termes à peu près indifférents de la rupture si grosse de périls qu'accusent ces polémiques. Est-ce ignorance de la question? est-ce habileté?

— Ni l'un ni l'autre, m'empressai-je de répondre; nous soupçonnons, avec le reste de l'Europe, que la lune de miel prusso-russe s'est définitivement éclipsée; mais nous n'obéissons à aucun mot d'ordre en passant sous silence des événements qui nous laissent froids.

— Tous les cabinets ont cependant les yeux tournés vers vous. On vous observe. On voudrait savoir ce que vous feriez dans certaines hypothèses.

— Sans doute, et c'est une raison de plus pour la France de s'abstenir. Si nous avions exagéré plus encore cette abstention en négligeant même les questions secondaires issues du Congrès de Berlin, l'Europe n'aurait pas attendu la rupture des liens d'alliance entre l'Allemagne et la Russie pour s'apercevoir qu'il manque à la politique contemporaine un de ses facteurs nécessaires. Mais c'est plutôt à vous qu'il convient de demander comment cet événement est apprécié en Autriche et ce qu'on y pense de l'abstention de la France.

— Je répondrai d'abord à votre dernière question. Votre attitude de renoncement, de réserve, d'égoïsme si vous voulez, embarrasse, mais on l'admire, et vous devenez malgré vous, plus vite peut-être que si vous aviez une politique européenne, le grand X de l'avenir. Vos ressources financières sont immenses, votre armée sera bientôt prête, pousserez-vous jusqu'au bout ce duel silencieux à coups de millions et d'armements dont l'Alsace-Lorraine sera vraisemblablement le prix? Quant à l'opinion que nous pouvons avoir sur le conflit de plume russo-allemand, elle n'est pas nouvelle. Nous avons fait partie de l'alliance ou plutôt de ce qu'on a improprement appelé l'alliance des trois empereurs et nous avons toujours vu clair dans le jeu de M. de Bismarck: écarter pour l'Allemagne les dangers d'une coalition, s'assurer, pour le cas de guerre, non des alliés, mais des neutres. L'alliance russe brisée à la suite de manques de paroles semblables à ceux de Biarritz, on resserrera très ostensiblement l'entente austro-allemande, mais jamais plus réel trompe-l'œil n'aura existé dans l'histoire diplomatique. On persuadera à l'Europe que l'alliance pourrait bien devenir, un de ces jours, offensive, et cependant l'empereur François-Joseph ne sera jamais qu'un neutre, pour l'Allemagne, en cas de conflit. M. de Bismarck est désormais isolé en Europe, parce que toutes les puissances pratiquent le système du chacun pour soi. L'inventeur de la politique du pourboire qui a prélevé tant d'honnêtes courtages, se verra prochainement contraint d'en payer à son tour, car j'imagine qu'en France, pas plus qu'en Russie ou en Autriche, on ne se contentera désormais de promesses irréalisables.

— Je me permettrai, monsieur, de vous adresser encore une question, tout à fait en dehors de notre sujet, mais qui me tient à cœur. Vous m'avez pris un instant pour un Alsacien, je vais simplement à Strasbourg passer quelques jours de vacances; quelle opinion se fait-on, en Autriche, de l'Alsace-Lorraine?

— Il me sera d'autant plus facile de vous répondre qu'on s'intéresse beaucoup à Vienne aux destinées de ce pays. Vous savez que nos *Habsbourg* sont à proprement parler des *Lorraines*, c'est assez pour que la dynastie qui a si longtemps régné à Nancy sur une partie des contrées devenues allemandes s'occupe de cette affaire. Les Allemands ont leurs cantonnements en Alsace-Lorraine, mais ils ne la possèdent pas, et ils ne la posséderont jamais. Les illusions du début sont éteintes. Le travail de germanisation entrepris par la dictature a complètement échoué. Les fonctionnaires allemands n'ont après neuf années aucune prise sur l'opinion. On va mettre en pratique un nouveau système de gouvernement, on essaiera, à l'aide d'une fausse autonomie, de faire de la politique alsacienne-lorraine.... au profit de la Prusse. Nous connaissons ces essais, nous autres Hongrois. Quant à l'avenir... n'ai-je pas vu l'Italie rentrer en possession de Venise par la défaite de Custozza? L'attitude des populations d'Alsace est superbe. Je m'étonne que la France la connaisse moins que le reste de l'Europe. Vous la verrez et la jugerez. »

La nouvelle frontière, tracé international essentiellement fantaisiste, uniquement justifié par la nécessité pour les Allemands de tenir entre leurs mains l'embranchement de la ville de Dieuze, célèbre par ses salines, est d'un abord désagréable pour les voyageurs. Réveillés en plein sommeil, à une heure du matin, il leur faut défiler lentement avec armes et bagages devant les employés de la douane impériale, vider tous les compartiments de leurs valises, attendre la formation du nouveau train. C'est à la station de Deutsch-Avricourt, joli village, caché dans un vallon à gauche de la voie ferrée, que s'accomplissent ces formalités.

L'aspect des employés allemands est pénible pour ceux des voyageurs français qui n'ont jamais franchi cette frontière fictive..

Je suis blasé sur ce répugnant spectacle. Familiarisé avec la douane germanique par de nombreux voyages à Vienne, la vue des casquettes plates, les cris rauques des contrôleurs du chemin de fer *Elsass-Lothringen*, les perquisitions brutales au fond des malles m'agacent encore, mais ne m'émeuvent plus. Ne suis-je pas ici en pleine terre française d'en deçà des Vosges, au milieu des paysans lorrains? Ne suis-je pas pour ainsi dire chez moi? Et quels sujets d'études dans cet antre administratif germain bâti sur la lisière même de la conquête!

Il y a chez les braves campagnards, portant le sarrau par-dessus leur veste de ratine, qui se pressent aux guichets pour prendre des billets allemands quelque chose de goguenard, de gauloisement moqueur. L'employé à lunettes, la casquette à fond rouge rabattue sur les yeux, se penche sur la tablette de marbre blanc de son guichet et convertit à coups de crayon les marcks en francs et les centimes en pfennings.

Les conversations entre gens du pays suivent leur cours :

« N'oublie pas mes commissions pour Lunéville !
— Il n'y a pas de danger.
— Donnez-moi une troisième Sarrebourg ! »

Les employés n'ont plus les airs insolemment vainqueurs d'il y a huit ans. Ils se font parfois humbles, de cette humilité juive si commune chez les Allemands. Quelques-uns guettent le pourboire et le reçoivent obséquieusement de la main de l'ancien ennemi. Il a fallu bon gré, mal gré apprendre le français et le parler. Certains annexés ont *pris la casquette*, c'est l'expression consacrée. Ceux-là trouvent toujours moyen de vous rendre quelque service. « Le pain est dur à gagner, allez, monsieur ! »

Somme toute, Avricourt apparaît comme un campement. La gare monumentale construite en grès rouge des Vosges a des airs de tente en plein vent et de caravansérail. La compagnie de l'Est, elle, n'a dressé à Avricourt français qu'une immense baraque de bois, un en-cas provisoire.

Si les nuances que je viens de signaler n'échappent pas à ceux qui ont fréquemment traversé cette frontière, l'émotion est grande chez les Français nouveaux venus. Ils supputent l'importance de la conquête et s'étonnent. Un jeune homme qui avait fait route avec nous depuis Paris, nous dit en entendant annoncer Avricourt : « Alors, dans une demi-heure, nous serons à Strasbourg ? »

Il ne voulait pas croire qu'il restait encore 112 kilomètres à parcourir, les Vosges à traverser, treize stations aux noms germanisés à saluer au passage.

Les quelques minutes passées en attendant le départ du train dans l'immense salle garnie de sièges et de tables de bois découpés à l'emporte-pièce, à la mode allemande, et baptisée du nom de *restauration*, ne sont pas perdues pour l'observateur. On y assiste à cette scène muette qui se renouvelle dans tous les lieux publics de Thionville à Altkirck, et de Schirmeck à Wissembourg : la séparation volontaire des conquérants et des conquis. Le paysan lorrain en entrant dans cette salle jette un rapide coup d'œil sur les assistants et va se placer du côté des Français. Ici la Gaule, plus loin la Germanie. Et quelle Germanie! Un ramassis de trafiquants d'outre-Rhin venus pour chercher fortune et que la persistante hostilité des populations a ruinés, des Israélites minables, qui ne trouvent, ô prodige! ni à vendre ni à acheter, des employés mécontents, regrettant leurs misères d'autrefois en Prusse, et envoyant au diable la grande pensée du règne de Guillaume.

Il faut changer ici sa monnaie. Ne nous en plaignons pas. L'envie d'imposer à l'Europe un système monétaire anti-décimal a coûté cher à l'innocente Germanie. Cependant le garçon qui m'apporte les piles de marcks et de pfennings, argent et nickel mêlés, s'excuse comme il peut :

« C'est de la bien vilaine monnaie, monsieur, mais il en faut! »

Et comme l'employé ouvre avec fracas les portes de la *restauration*, engageant les voyageurs à prendre leurs places, le buvetier continue :

« Vous avez le temps, ne vous pressez pas, cet imbécile n'en fait jamais d'autres! »

Cependant, la campagne s'est éveillée, sous les rayons d'un chaud soleil d'août. De grandes charrettes lorraines à quatre chevaux traversent les champs, conduisant à leur travail des escouades de villageois.

Avricourt faisait partie du riche canton de Blamont dont le chef-lieu est encore en France, ainsi qu'un village voisin, Emberménil, cure de l'abbé Grégoire quand il fut envoyé par ses concitoyens aux états généraux de 1789. A la sortie d'Avricourt se détache l'embranchement de Dieuze, prolongé depuis l'annexion jusqu'à Bensdorf. Les fameuses salines de Dieuze livrent à la consommation pour plus de cinq millions de francs de produits. Cette petite ville était, au vieux temps des ducs, une place forte lorraine dont les abords furent longtemps défendus par l'inondation, grâce aux écluses de l'étang de Lindre. C'est ainsi que l'ennemi dut s'éloigner en 1641. La grande voie romaine de Strasbourg à Metz passait dans le voisinage, à Tarquimpol, le *Decem Pagi* de la table Théodosienne.

Aussitôt en route, nous traversons la forêt de Réchicourt-le-Château, autre forteresse du moyen âge. On entre bientôt dans l'ancien canton de Lorquin dont le sol est couvert de vestiges des lignes de retranchements élevés par les Romains. On traverse, puis on longe le canal de la Marne au Rhin dont l'établissement, dans la partie comprise entre la nouvelle et l'ancienne frontière sur un parcours de 104 kilomètres, a absorbé à lui seul plus de la moitié des crédits consacrés à l'entreprise; il s'élève d'écluses en écluses jusqu'à Arschwiller, où il franchit sous tunnel un dernier mamelon des Vosges d'une épaisseur de 2,300 mètres pour descendre ensuite de travaux en travaux, les 140 mètres d'altitude qu'il avait conquis.

Faut-il rappeler que l'Alsace-Lorraine était merveilleusement outillée, au moment de l'annexion, en canaux et en chemins de fer? Ces provinces possèdent avec les canaux du Rhône au Rhin, de la Marne au Rhin, de la Brusche, des houillères de la Sarre, de la Moselle et leurs nombreux embranchements, 360 kilomètres de voies navigables. Quant aux chemins de fer, ils présentent aujourd'hui, à la suite de l'ouverture des lignes d'intérêt stratégique construites par les Allemands, un développement d'environ 1,300 kilomètres[1].

Il est très facile de se rendre compte de l'importance du réseau alsacien-lorrain en jetant un coup d'œil sur son ensemble. La grande artère rhénane

---

[1]. Le prix d'achat des lignes ferrées en territoire conquis payé par l'empire allemand a été de 327,700,000 francs. Cette somme s'est élevée à près de *cinq cents millions* par achat de matériel et constructions nouvelles. Il ressort d'un travail très complet sur cette matière publié par M. Charles Grad, député de Colmar au Reichstag, que le revenu net de ce capital ne dépasse guère 3 p. %.

est la ligne de Bâle à Strasbourg et de Strasbourg à Wissembourg par Vendenheim, ce dernier tronçon dédoublé à l'aide de la ligne Strasbourg-Lauterbourg. Sur cette artère viennent s'embrancher les lignes de Saint-Louis à Léopoldshohe, de Mulhouse à Altkirck et à la frontière française près Belfort; de Mulhouse à Mulheim, de Mulhouse à Thann et à Wesserling; de Bolwiller à Guebwiller, de Colmar à Munster, de Colmar à Neuf-Brisach, de Schlestadt à Sainte-Marie-aux-Mines, de Schlestadt à Saverne, de Strasbourg à Avricourt et à Kehl; de Strasbourg à Schirmeck et Rothau, par Molsheim; de Haguenau à Metz, par Niederbronn, Bitche et Sarreguemines; de Wissembourg à la frontière bavaroise.

Si, pour compléter l'ossature, nous ajoutons la ligne de Sarrebourg à Metz, par Courcelles, Rémilly et Bensdorf (où s'embranche le chemin d'Avricourt, par Dieuze) et la ligne Noveant-sur-Moselle, Metz, Thionville, nous pouvons négliger les tronçons. Ces mailles de fer constituent, au point de vue militaire, un merveilleux outil de concentration. Le Rhin est traversé trois fois, à Neuf-Brisach, Kehl et Lauterbourg; les lignes de la Prusse et de la Bavière rhénanes sont autant de branches d'un éventail dont Strasbourg est le pivot. La Lorraine et la basse Alsace sont machinées à plaisir; la haute Alsace est moins bien partagée[1]. Au-dessus de Schlestadt mis en communication avec Metz par Saverne et Sarrebourg, il n'y a plus que la grande ligne de Bâle avec embranchement sur Altkirck et la communication avec les lignes badoises par Neuf-Brisach.

J'ajouterai que le service des chemins de fer est lent, mais bien fait, le matériel commode, les trains chauffés par des appareils nouveaux, l'accès dans les gares permis à tout le monde, la voie non palissadée.

A Sarrebourg, où le train s'arrête quelques instants, à cause de l'embranchement de Metz, j'observais avec mon compagnon de voyage le va-et-vient de la gare. Des paysans montaient dans le train ou en descendaient, s'occupaient de leurs bagages, hélaient leurs amis, mais nous ne remarquions aucun contact entre eux et les employés du chemin de fer, les gendarmes, les douaniers. Pas de ces poignées de main que les habitants de nos campagnes échangent

---

1. C'est ce qu'a constaté le feld-maréchal de Moltke dans sa récente tournée militaire en Alsace-Lorraine. Il a étudié la question à Mulhouse. Le résultat de cette enquête a été le rapport adressé à l'empereur Guillaume pour expliquer la nécessité d'une forte concentration permanente de troupes à Mulhouse. Un camp retranché sera prochainement établi dans cette région.

joyeusement avec les chefs de gare, pas de saluts, pas de demandes de renseignements. L'ennui, un ennui lourd, voisin du spleen, se lit sur les traits de tous ces Allemands. Et toujours cette maudite langue française !

Ceci me rappelle que dans un précédent voyage, allant de Saverne à Strasbourg, je vis monter à la station de Brumath, dans mon compartiment, une mère portant dans ses bras un bambin de cinq ans. Le père avait accompagné sa femme et son fils jusqu'à la portière du wagon. Les deux époux s'étaient entretenus quelques instants dans un français dont on aurait pu rire avant 1870. Le train parti, la mère plaça son fils en face d'elle et s'efforça de le distraire. Un instant après elle lui offrait un fruit.

« Ja wohl, répondit l'enfant.

— Eh bien ! dit la mère rougissante.

— Je veux bien, reprit le bambin.

— Excusez-le, monsieur, s'écria la brave femme en se tournant vers moi, il n'a que cinq ans. »

Nous étions arrivés à Saverne, *Zabern* à la mode allemande, après avoir traversé ces défilés des Vosges, perdus sans combat quand la tourbe militaire qui avait été l'héroïque armée de Reichshoffen s'en était allée dans la nuit, débandée, jetant ses armes, horrible à voir, impossible à rallier. Quelle nature sauvage et propice à l'homme qui se défend! Quel superbe entassement de forêts et de blocs de granit!

On enjambe rapidement la plaine d'Alsace, à travers les houblonnières, ces géants de la culture, les plantations de chanvre, de maïs, de tabac.

Avant d'arriver à Strasbourg, dont on aperçoit au loin la cathédrale, le train se ralentit. On passe au pied d'un ouvrage avancé, construit avec un très faible relief, presque à fleur de terre, ne montrant pas un pouce de maçonnerie et reconnaissable seulement aux épaulements gazonnés de ses batteries. C'est le fort de Mundolsheim. D'autres ouvrages occupant des positions plus dominantes se profilent sur la droite, ce sont les forts de Niederhausbergen et d'Oberhausbergen.

« Quelle ceinture de fer! m'écriai-je en m'adressant à mon compagnon de route, auquel je venais de faire mes adieux.

— L'or en a dénoué bien d'autres, » me répondit-il, en me serrant la main.

J'étais descendu du train et j'attendais qu'on voulût bien me délivrer mes bagages.

« Vous arrivez de France, me dit obligeamment un voyageur, n'allez pas à la *Ville de Paris*, c'est une maison allemande. »

CHAPITRE II.

Un cocher strasbourgeois. — Dans un hôtel français. — Les vieilles rues et les promenades. — Les soldats et les gamins. — Librairies allemandes et françaises. — Dans la cathédrale et sur la plate-forme. — Le temple Saint-Thomas. — Le Broglie et ses cafés. — La musique. — Un sous-officier alsacien.

Je n'avais pas besoin de la recommandation qui venait de m'être faite. Je connaissais Strasbourg et je savais où aller. Mais il ne me déplaisait pas d'interroger dès mes premiers pas, en homme peu façonné aux usages alsaciens. C'est ainsi que je n'hésitai pas à engager une conversation suivie avec le cocher qui venait de se charger de ma personne et de mes bagages.

« Monsieur, me dit-il, j'ai habité Paris et j'ai servi comme artilleur dans la dernière guerre. Vous me trouverez tous les jours à midi devant la cathédrale. Quand vous voudrez, et si le cœur vous en dit, je vous ferai visiter leurs travaux de défense. De jolis travaux, entre parenthèses ; deux de leurs forts ne font que s'écrouler, c'est à croire qu'ils les démolissent pour les rebâtir. Ils construisent sur du sable ; ça ne tient pas. Faut croire, du reste, qu'ils n'en sont pas contents puisqu'ils en construisent encore d'autres.

— Vous devez souvent conduire des officiers allemands ? lui dis-je.

— C'est assez rare et il y a des raisons pour ça. Tous ces employés en tunique et tous ces beaux officiers, c'est la même clique. Ils ont de superbes uniformes bien propres, des bottes à se mirer dedans et des casquettes à trois ponts bien astiquées, mais pas le sou. A partir du 20 de chaque mois, ils prennent leur chope à crédit et tirent une langue longue d'une aune. Ce n'est pas étonnant, ils traînent tous avec eux des kyrielles d'enfants et des femmes qui marchent nu-pieds chez elles pour ne pas user leurs bottines. Ils ont à domicile des servantes qu'ils ne paient pas. On leur donne des pommes de terre pour nourriture et, le soir, la clef de la maison. »

Arrivé à l'hôtel ce fut bien autre chose. Je m'aperçus de suite qu'on ne m'avait pas changé mon Strasbourg. Le garçon, en me conduisant à ma chambre, me fit observer que je n'aurais de voisins allemands ni à ma droite, ni à ma gauche.

— Il en vient quelques-uns à cause des fêtes pour le séjour de l'empereur. On est bien forcé de les recevoir; mais, s'ils restent, cela prouve qu'ils ne sont pas difficiles. Nous les logeons sur la cour, et s'ils ne sont pas contents, ils vont ailleurs.

Le maître d'hôtel, en me conduisant à la salle à manger, m'indiqua gracieusement l'une des tables :

« De ce côté, monsieur, ce sont les tables françaises. »

La salle à manger, vaste comme toutes celles des hôtels du Rhin, contient, à l'heure du dîner de midi, une soixantaine de Français mangeant à deux longues tables. De l'autre côté de la pièce, une douzaine d'Allemands ont l'air de se cacher, heureux si, de loin en loin, le garçon veut bien se souvenir qu'ils sont là. A la table d'hôte française, la conversation est générale. On y parle peu de l'Alsace, mais beaucoup de la France, de sa politique, du monde parisien, de la pièce à la mode. Jamais un mot de l'Allemagne : elle semble ne pas exister. Si, dans quelques conversations particulières et d'affaires, on emploie la langue alsacienne, on revient bientôt au français.

Je dois rendre visite à vingt personnes ; des amis d'autrefois, des personnages politiques auxquels je suis recommandé. Mais serais-je un voyageur si je m'empressais d'étayer mes désirs sur les convictions des autres et de chercher des renseignements avant d'avoir trouvé des impressions? A demain les choses sérieuses! Je veux errer au hasard par les rues de la vieille métropole du Rhin, le long des quais de l'Ill et des canaux, autour des casernes, sous les arbres des promenades, arpenter le Broglie et la place Kléber, pénétrer dans la cathédrale, voir au coup de midi le coq de la grande horloge agiter ses ailes en chantant trois fois, le Temps retourner son sablier et les douze Apôtres saluer un à un le Christ.

Les voilà bien les anciennes voies strasbourgeoises, les mêmes qu'il y a dix ans, quand on se pressait sur leurs trottoirs pour regarder défiler au pas cadencé un bataillon d'infanterie ou la musique des pontonniers. On a substitué des noms allemands aux noms français, mais la *Blau Wolken gasse* ou la *Meisen gasse* seront toujours les rues de la Nuée bleue et de la Mésange. Jamais le Strasbourgeois ne les débaptisera et l'officier prussien lui-même n'ose demander son chemin qu'en se servant des appellations usuelles.

Je remarque que les enseignes des négociants rédigées en langue française sont beaucoup plus nombreuses qu'autrefois. Dans les trois quarts des boutiques, il ne se prononce pas un mot d'allemand. Il y a les magasins strasbourgeois où jamais on ne parle que français, les magasins prussiens où jamais on ne se sert que de la langue germanique. Mais les commerçants d'outre-Rhin, immigrés en Alsace, n'ont pas eu à se féliciter de cette transplantation. Quoique aidés, dans une mesure que je ne saurais définir, par l'administration, ils n'ont pas réussi à joindre les deux bouts. Un Alsacien n'entre jamais dans une boutique allemande et, comme la population alsacienne est supérieure des trois quarts à la population allemande, même en y comprenant les employés du gouvernement et la garnison, un négociant d'outre-Rhin végète, prolonge plus ou moins longtemps son agonie et finalement met la clef sous la porte. On ne saurait imaginer le nombre de débitants de tabac et de marchands de faux cigares de la Havane. Cent mille Strasbourgeois fumant vingt-quatre heures par jour ne suffiraient pas à les faire vivre.

Mais j'oublie de parler de la population qui circule en groupes pressés le long des trottoirs. Que d'antithèses cruelles! Ici, des ouvriers se hâtant de rejoindre leurs compagnons, Français comme eux, dont on saisit les conversations au passage. Là, en pleine chaussée, des compagnies allemandes défilant casque en tête.

Les Germains ont toujours aimé la musique. Leurs fanfares circulent à toute heure par la ville. Ce ne sont qu'éternelles aubades, prises et reprises de drapeaux aux hôtels des commandants supérieurs, réceptions d'officiers avec les ronflements des trombones et les notes pinchardes des cornets. Personne ne se dérange; tout cela se passe dans un désert. Cette tendance abstentionniste était plus facile à observer à mon arrivée à Strasbourg qu'à tout autre moment. De nouveaux régiments arrivaient, venant prendre part aux grandes manœuvres. Ils traversaient la ville aux accents criards des fifres accompagnant les tambourins.

Leurs colonnes, superbes d'immobilité sous les armes, cadençaient le pas, exagéraient la raideur allemande, fanatisaient les maniements d'armes, mais ne provoquaient aucun mouvement ami ou hostile. Est-ce que l'armée allemande existe pour le Strasbourgeois? On ne tourne pas la tête, on ferme boutiques et fenêtres sur son passage. Il y a mieux. Strasbourg a ses gavroches comme Paris et Lyon, ses flâneurs de quinze ans, ses oisifs à l'affût de toute distraction. Ces jouisseurs de la rue, avides de tous les spectacles gratuits, ne suivent ni les musiques ni les régiments de la garnison. De temps à autre, à la traversée des promenades, on entend seulement quelques gamins de dix ans commander en français: « Portez armes! » ou siffler effrontément l'air de *la Marseillaise,* ce chant immortel qui, par une ironie du sort, a été écrit et composé à Strasbourg. Et qu'on ne m'accuse pas de charger le tableau. Un écrivain allemand publiait en 1876 un livre sur l'Alsace-Lorraine où je rencontre cette phrase : « J'ai depuis vingt ans visité Strasbourg plus d'une fois ; j'y ai fait de longs séjours. Oui, il est parfaitement exact que la langue française est aujourd'hui plus populaire que jamais en Alsace-Lorraine ».

Mais circulez par la ville, entrez dans les rues commerçantes, voyez où s'arrête la foule, observez les courants et les remous. Voici des librairies allemandes gorgées des produits de Leipzig. Il y a de tout dans la montre. De superbes ouvrages aux titres alléchants, des Vies de M. de Moltke et de M. de Bismarck, des cartes à grande échelle de l'immense empire allemand, de petits opuscules polissons avec des silhouettes de femmes aux hanches plantureuses sur la couverture et, brochant sur le tout, de belles gravures représentant l'empereur Wilhelm sur un cheval fougueux, écrasant sous ses sabots des débris d'obus, au milieu de la fumée des batailles. Les traits du vieux souverain sont éclairés par un rayon d'en haut. Il étend le bras vers des positions formidables et semble appeler à la rescousse les soldats dont on aperçoit sur le second plan les ombres dégradées. Et, plus loin, le prince impérial, *notre Fritz*, à la bataille de Reichshoffen, Frédéric-Charles, de Moltke et, à la place d'honneur, le *graf von Bismarck*. Puis Manteuffel, le futur *Statthalter*, Fransecki, le commandant en chef du 15e corps, et le musicien Weber. Jamais un curieux devant ces boutiques.

Je suis entré chez un des principaux libraires, établi rue ***, et, m'armant d'un beau sang-froid, je lui ai demandé dans sa langue de me donner un guide Joanne : *Vosges et Ardennes*.

« Nous ne tenons pas les ouvrages publiés en France, me répondit-il.

— Très bien, répondis-je ; alors je vous demanderai un livre alsacien que vous devez avoir : *les Études statistiques sur l'industrie de l'Alsace*, par M. Charles Grad, député de Colmar au Reichstag.

— Nous n'avons pas de livres alsaciens en langue française.

— C'est fâcheux, mais comme j'ai besoin d'un certain nombre de livres, je puis me rattraper. Je vous demanderai donc une publication récente alsacienne allemande : *Elsass-Lothringen vor dem Reichstage*.

— Nous ne vendons pas cette brochure.

— Mais vous avez bien le livre allemand du Prussien Gustave Rasch : *Les Prussiens en Alsace-Lorraine.*

— C'est interdit, monsieur.

— Alors, m'écriai-je en guise de conclusion, comme je n'ai pas l'intention de vous acheter le portrait de miss Maud que je vois ici en montre, je serai forcé d'aller ailleurs. Mais avouez, mon cher monsieur, qu'avant de créer une librairie berlinoise à Strasbourg vous auriez dû savoir s'il y existait une clientèle. »

L'Allemand, rouge de colère, se précipita vers son arrière-boutique en me lançant ce trait de Parthe :

« Allez chez Noiriel, vous trouverez les mémoires de Rigolboche. »

La librairie Noiriel est effectivement une librairie française où j'achetai tous les ouvrages dont j'avais besoin. *Et la lumière fut,* comme on lit sur le piédestal de la vieille statue de Gutenberg qui trône dans ce quartier, entre un marché aux fleurs et une station de voitures.

A côté de la librairie allemande dont j'ai parlé, se trouvent précisément plusieurs magasins de papeterie et de gravures. Ceux-ci sont français, point n'est besoin de le demander. Le flot des curieux examinant les montres force les passant à descendre du trottoir. De belles photographies de MM. Grévy et

Gambetta sont au premier plan. Au second, nous apercevons une chromolithographie qui fait fureur en Alsace-Lorraine. C'est la reproduction du tableau connu : *Le libérateur du territoire, le voilà!*

Mais le temps passe, midi va sonner. Je me précipite par la rue des Orfèvres et la place du Dôme vers la cathédrale. Une centaine de curieux, parmi lesquels beaucoup d'Allemands, circulent dans l'immense nef sous la conduite d'un suisse. Celui-ci s'arrête et lève sa canne; nous sommes devant la grille de la grande horloge. Alors d'un ton nasillard, mais en bonne langue française à peine teintée de quelques *alsacianismes*, le cicérone commence l'histoire de l'horloge : « Vous voyez ici le globe terrestre d'après Copernic avec les révolutions des planètes, le calendrier romain avec les fêtes, réglé pour mille ans, etc., etc... » Les Allemands, voyageurs arrivés le matin, quelques-uns avec la sacoche en bandoulière, n'y comprennent rien et prennent des airs vexés. On écrit pourtant dans les journaux berlinois que personne ne parle plus le français à Strasbourg. « Et tenez, poursuit le cicérone, voici l'ange qui va sonner les avant-quarts sur son timbre d'airain... » Effectivement, tout le mécanisme entre en branle et les gens d'outre-Rhin oublient leur mésaventure.

CHAPITRE II.

Il n'y a pas de bonne visite à la cathédrale sans ascension jusqu'à la plate-forme. C'est 330 marches à monter. On en garde au retour quelques tremblements dans les jambes ; mais comment résister au désir de voir s'étendre sous ses pieds le superbe panorama du Rhin dont le cours se profile au loin, comme un ruban d'argent, de la vallée d'Alsace et de ses ondulations, des sombres chaînes des Vosges et de la Forêt-Noire ?

« Oui, monsieur, me disait l'un des ex-gardiens qui se relayaient sur la plate-forme pour signaler les incendies, nous n'avons pas cessé notre service pendant le siège. C'était dur, car nous en avons reçu du fer ! Toutes ces pierres neuves que vous voyez ont bouché les trous des obus. Encore un mois comme cela, disions-nous, il n'y aura plus de cathédrale... plus de cathédrale de Strasbourg. Ils ont malheureusement cessé de bombarder... je dis malheureusement, car ça prouvait... Vous me comprenez. Quand on se battait là-bas, tenez, du côté de Belfort à la fin de la guerre, on regardait au sud et on se disait : Si cette vieille carcasse de cathédrale pouvait recevoir un de ces matins, au petit jour, une bonne dégelée d'obus ! C'est pour parler, voyez-vous ; on sait bien que les autres, ceux de par là ne font pas la guerre aux pierres sculptées. »

Le gardien, tête de soldat, était impassible, mais moi j'avais la larme à l'œil.

« Allons, continua-t-il, venez mettre votre nom sur le registre. Ça vous fera peut-être plaisir de le relire plus tard. Ah! monsieur, nous étions ici aux premières loges pour voir leur micmac. Suivez la route à sa sortie de la porte de Saverne jusqu'au delà du point où le chemin de fer la traverse; c'est là qu'ils ont établi leur première parallèle qui, passant au nord par Schiltigheim s'appuyait à l'Ill, près de l'île Wacken. C'est de là, le 30 août, qu'ils ont commencé l'attaque régulière à 750 mètres de l'enceinte. Vous apercevez bien dans la même direction nord-ouest trois de leurs forts sur les collines, prenez la lunette, eh bien, ils sont à plus de trois kilomètres et demi du point où ils ont pu établir leurs premiers travaux de siège. C'est ici, sur la cathédrale, que fut hissé le drapeau blanc, le 27 septembre, à cinq heures moins vingt minutes du soir. »

Je n'avais pas plus tôt repris pied sur la place du Dôme que je me dirigeais vers le quartier allemand et le temple protestant de Saint-Thomas, ancienne église de style byzantin réédifiée au xiiie siècle et livrée au culte réformé en 1549. Il ne me déplaisait pas, après avoir erré à l'ombre des piliers de l'ancienne cathédrale et entendu l'accent français se

CHAPITRE II.

répercuter sous ses voûtes mystiquement éclairées par des vitraux sans pareils, d'interroger aussi l'esprit d'un temple que le splendide mausolée du maréchal de Saxe suffirait à sauver de l'oubli.

Les portes de Saint-Thomas étaient fermées et j'attendis sous les arbres du parvis que le sacristain eût achevé son déjeuner. Ce fonctionnaire ne se fit pas trop longtemps désirer. Revêtu d'une sorte de livrée noire à larges boutons d'étoffe comme en portent nos huissiers de ministère, il accourut, son trousseau de clefs en main, me fit verser d'avance un droit de cinquante pfennings et commença son explication en langue allemande. Je le laissais aller sans sourciller, mais il s'interrompit tout à coup :

« Monsieur, me dit-il, est peut-être Français? En ce cas, j'emploierai sa langue.

— Parlez français, lui répondis-je, j'aime mieux cela.

— Voici le chœur, reprit incontinent mon cicérone, commencé à la fin du XIIIe siècle. Ce n'est qu'au commencement du XIVe que l'édifice actuel fut terminé. L'ancienne église brûlée datait du IXe siècle et avait été construite sur la place qu'occupait un palais des princes allemands.

— Vous voulez dire des rois francs, interrompis-je.

— En effet. Admirez le style de ces lustres. Avançons-nous maintenant. Voici le chef-d'œuvre du sculpteur français Pigalle. Si vous voulez des détails sur ce magnifique morceau de sculpture, consultez ce carton. » Le sacristain m'avait remis une longue pancarte rédigée dans les trois langues, anglaise, allemande et française : « Le personnage debout est le maréchal de Saxe descendant les marches qui le conduisent au cercueil. A droite, sur des drapeaux brisés, l'aigle d'Autriche, le léopard d'Angleterre, le lion belge, à gauche, des drapeaux français à demi déployés et le Génie de la guerre en pleurs tenant son flambeau renversé. Une grande image, la France, essaye de retenir le maréchal et de repousser la Mort. Celle-ci montre au héros le cercueil entr'ouvert à ses pieds, etc... » Œuvre de premier ordre, c'est vrai, mais avec un défaut de vraisemblance, étant donnée la composition. Le couvercle de la bière s'ouvre en effet à contre-sens, et, si le maréchal de Saxe descendait une marche de plus, il refermerait de son pied le cercueil au lieu d'y prendre place.

Mon cicérone, qui me négligeait visiblement, ayant aperçu une famille anglaise dont le chef était couvert d'un plaid vert à franges, en plein mois d'août, daigna cependant me conduire encore devant d'horribles momies qu'il m'affirma être les corps d'un

CHAPITRE II. 37

duc de Nassau occis sur un champ de bataille alsacien, et d'une jeune princesse née de parents inconnus. Je quittai bientôt le temple Saint-Thomas, que les obus allemands ont épargné pendant le siège, le quartier voisin étant occupé par les natifs d'outre-Rhin que la soudaineté des événements n'avait pas permis d'expulser. A ce propos, je me permettrai une simple remarque à l'adresse des publicistes qui n'hésitent pas à parler de la *protestante Alsace*. Le recensement des différents cultes en Alsace-Lorraine donne 1,250,000 catholiques contre 252,000 protestants et 41,000 israélites. J'ajouterai que rien ne permet d'attribuer aux membres des confessions réformées un nationalisme moindre qu'aux catholiques. Des défaillances isolées ne sauraient confirmer la règle. Quant aux israélites, je me suis laissé dire qu'ils se montraient foncièrement hostiles à la domination allemande et, pendant mon long séjour en Alsace, j'ai pu confirmer ce jugement par de nombreuses observations personnelles.

Il était temps de me rendre au Broglie, point central de réunion, rendez-vous de la population aisée, cercle de conversation des oisifs. C'est un long rectangle planté d'arbres, garni de chaises, tenant du *forum* et de la promenade, bordé d'édifices publics : la municipalité, le théâtre, l'ancienne direction d'artillerie devenue casino des officiers allemands, et de maisons particulières. C'est là que jouent de temps immémorial les musiques militaires pendant les beaux jours d'été. Quelle foule brillante j'ai vue se presser sur cette place au bon temps de la domination française ! Quelles toilettes les femmes y étalaient ! Comme on y applaudissait l'excellente musique du régiment des pontonniers ! Le va-et-vient ne cessait dans les nuits chaudes qu'aux heures tardives. C'était un gai mélange dont tous les Strasbourgeois se souviennent.

Les sept ou huit rangs de tables du café du Broglie, soigneusement alignées sous les arbres de la promenade, apparaissaient toujours occupées. C'était le glacier en renom et le lieu de rendez-vous des officiers supérieurs de la garnison. Le café du Broglie existe toujours ; il est encore tenu par M. Beauzin, un Messin de cinq pieds six pouces, resté Français, celui-là ; mais quel changement ! Ce Tortoni strasbourgeois est plus que jamais à la mode ; mais qu'est devenue sa clientèle militaire ? que sont devenues les joyeuses bandes de promeneurs avides d'entendre de bonne musique ? Par un bizarre renversement de destinée, le café du Broglie est aujourd'hui exclusivement civil. Au lendemain de la conquête, quand les parts de butin et les morceaux de nos milliards avaient rempli d'or les poches des vainqueurs, quand, joyeux de vivre, insouciants du lendemain, officiers et employés, croyant ne jamais voir le fond du sac, égrenaient les napoléons, sablaient le champagne et buvaient, soir et matin, à la santé de l'immortel de Moltke, l'honnête Beauzin pouvait ramasser d'un coup de filet quelques centaines de mille francs. Il n'avait qu'à se baisser, à prendre et à essuyer les pièces. Mais il s'était mis en tête que les Allemands seraient exclus du seul café aristocratique de Strasbourg.

« Devenir leur café, allons donc ! s'écriait-il. Est-ce qu'il ne faut pas que j'aie le droit d'offrir à mes anciens clients, s'ils reviennent un jour, le plus beau punch d'arrivée qu'ils boiront de leur vie? »

Et notez que la même chose se passe dans tous les établissements de la ville occupés par des Français. Les officiers ont longtemps tenu bon, mais comment résister ? C'est un malheur, que voulez-vous ? Le café est froid, la bière chaude, la glace fondue, le vin aigre, le sucre salé ; c'est vrai. Ces garçons n'en font jamais d'autres !

J'ai vu quelques jours après mon arrivée un major s'emporter dans un lieu public et jurer comme un païen, parce que le garçon ne comprenait pas, ou feignait de ne pas comprendre ses questions.

« Quand vous crierez comme un sourd, exclama celui-ci, puisque je vous dis que je ne comprends pas le chinois ! »

Il y eut une jolie scène, mais on finit par faire entendre raison au major.

« Vous ne pouvez pas, cependant, me forcer, disait avec raison le cafetier, à ne prendre pour garçons que des Badois. »

Les habitués du café du Broglie ont eu gain de cause. Un concurrent prussien, installé porte à porte, a recueilli la clientèle militaire, et ce n'est que de loin en loin qu'on voit s'asseoir un instant aux tables de l'ancien rendez-vous des officiers français les porte-torsades de la garnison allemande.

Rien de plus curieux à observer que le Broglie à l'heure de la musique. C'est à l'une des extrémités de la place, entre la mairie et le casino des officiers, que s'installent en cercle les musiciens. A partir du moment où les premiers accords se font entendre, la promenade apparaît divisée en deux parties. On cherche involontairement le cordeau qui sépare les Français des Allemands. Ceux-ci, cinquante officiers, autant d'employés et de commerçants, entourent les musiciens ou circulent de long en large dans le voisinage. Ceux-là occupent, à l'autre extrémité de la place, une étendue de terrain à peu près égale. Entre les deux camps, le vide. D'un côté, une bordure de chaises sur lesquelles se prélassent les moins séduisantes des femmes que la terre ait jamais portées, dans des toilettes étriquées vert pomme et cerise, olive et jaune, avec des chapeaux grotesques, d'où pendent de longs repentirs mal bouclés, et des chaussures qui vous reportent en pleine période carlovingienne, au temps de Berthe aux grands pieds ; de l'autre, quelques jolies Alsaciennes mises avec goût, portant le plus souvent les couleurs du demi-deuil. Il faut bien faire jouer les enfants.

C'est par cette bande de chérubins, véritable colonie détachée du camp des Tuileries, que le tableau se complète. Essayez de faire jouer ces *jeune Alsace*, soigneusement tenus, mis à la française, avec le vilain petit monde d'en face, un tas de marmots bien bâtis, comme il convient à de futurs décrocheurs de pendules, mais manifestant pour le mouchoir une aversion vraiment trop prononcée.

La musique continuait. Les morceaux succédaient aux morceaux. Les Strasbourgeois rentraient chez eux et les officiers en bandes prenaient possession de la promenade. Quelques soldats allaient et venaient sur les bas côtés, saluant leurs chefs avec une raideur exemplaire vingt-cinq mètres avant de les croiser et gardant la paume de la main collée à la hauteur de la tempe droite dix mètres après les avoir rencontrés. Même religion des actes extérieurs de politesse chez les officiers. S'ils avaient un respect d'eux-mêmes égal à celui qu'ils manifestent pour leurs supérieurs et leurs camarades, on n'aurait rien à reprendre à leur tenue personnelle, mais à toute heure du jour, et surtout de la nuit, on les entend en public tenir des propos, on les voit prendre des attitudes peu convenables. On rencontre légèrement émus ceux qui ont trop fréquenté la bibliothèque du casino militaire, et les Danaés en compagnie desquelles ils se montrent n'attendent que des pluies de cuivre. Point de milieu, ou très louables, ou très blamâbles, selon le moment et l'heure. Les mœurs des officiers allemands en dehors du service ne sont pas l'un des moindres étonnements du voyageur.

Non! il faut l'avouer avec d'autant plus de raison que toute comparaison est impossible entre notre race et *l'autre*, les officiers français ne peuvent rivaliser avec les Allemands comme tenue extérieure, comme religion des usages prescrits par les règlements, comme déférence apparente envers leurs supérieurs et condescendance publique envers leurs subordonnés, mais si, sous l'uniforme, on cherche l'homme désireux de garder le plus possible le prestige de l'épaulette auquel il croit et la dignité professionnelle sans laquelle on ne saurait inspirer de vrai respect à ses inférieurs, il ne faut pas regarder du côté de l'armée prussienne.

C'est la qualité maîtresse de l'officier français de ne pas compromettre son uniforme, et l'élévation morale qui en est la conséquence apparaît dans son plein sur le champ de bataille. On peut dire que la témérité à l'ennemi, je ne parle pas du courage, s'exerce chez nous en raison directe du nombre des galons brodés au képi, ce qui n'existe à aucun degré chez les Allemands.

Il serait souhaitable, sans doute, que nos officiers paradassent dans de brillants uniformes, surtout si leur solde le leur permettait, mais entre une tunique parfois râpée dont on ne compromet pas les galons et une belle capote de drap fin qu'on compromet en *catimini,* je n'hésite pas. Je donne le choix à la première.

J'allais me lever et rentrer au logis, quand un sous-officier de l'un des régiments en garnison à Strasbourg, coquet, bien sanglé dans son uniforme, le fond de la casquette légèrement incliné sur l'oreille, l'œil vif, la moustache tombante, entra dans le café, accrocha sa coiffure, s'assit et demanda en bon français une demi-tasse.

« Garçon, ajouta-t-il, en frappant vigoureusement de la main la table de marbre, la *France*[1] est-elle arrivée ? Non ! Alors donnez-moi le *XIXe Siècle*. »

C'était un sous-officier alsacien, un enfant de Strasbourg !

---

1. Pendant mon séjour en Alsace-Lorraine, la *France* a été saisie tous les jours à la frontière, mais l'effet ordinaire de la censure s'est produit. Il est entré plus de numéros de la *France* dans cette période qu'en temps ordinaire.

CHAPITRE III.

Le caractère des Strasbourgeois. — Le jeu de M. de Bismarck. — Le mouvement de 1878. — Jugement d'un Prussien sur l'Alsace-Lorraine. — Les manifestations. — La vérité sur la germanisation. — Deux anecdotes. — Le chiffre de la population. — Le recrutement. — Les soldats alsaciens-lorrains.

J'étais entré en Alsace plein de confiance dans le résultat futur de mon voyage, c'est-à-dire convaincu de la parfaite tenue de nos anciens concitoyens vis-à-vis de l'autorité allemande. Une journée passée au milieu d'eux, dans les lieux publics, m'avait prouvé qu'aucun fait de nature à changer mes opinions ne s'était produit depuis mon dernier voyage. Le Strasbourgeois m'apparaissait tel que j'avais dès longtemps appris à le connaître, patriote, silencieux et sans qualités expansives, mais habitué par un long usage des libertés municipales à ne laisser aucune prise à la dictature. Il subit avec passivité le joug allemand, tolérant, le désespoir au cœur, ce qu'il ne saurait empêcher, mais gardant en lui une foi robuste aussi indestructible que le granit des Vosges. Au lieu de se contenter des opinions toutes faites qui se sont malheureusement fait jour en France, dans une société de désœuvrés et de sceptiques, démolisseurs nés de tout ce qui est croyance nationale et prestige ancien, qu'on pénètre au foyer des Alsaciens-Lorrains, on les verra secouer le manteau d'indifférence digne et froide dont ils se couvrent en présence des vainqueurs, des occupants, et exposer leurs convictions patriotiques avec une vérité et une chaleur qu'il serait souhaitable de rencontrer plus souvent parmi nous.

N'en aurons-nous pas bientôt fini avec les jugements tout faits, les opinions non raisonnées, et ne tiendrons-nous jamais compte des précédents et des milieux? Que voyons-nous sans cesse? Des voyageurs qui n'avaient jamais visité l'Alsace avant la guerre de 1870, et ne connaissaient ni son histoire particulière, ni ses vieux usages, ni ses mœurs, ni le caractère de ses habitants, séjourner vingt-quatre heures à Strasbourg et s'écrier au retour dans les journaux ou dans les salons: *L'Alsace se germanise.* Ils entendent parler allemand dans le peuple, et cela leur suffit. L'Alsacien ne se servait-il pas de cette langue en 1865 comme aujourd'hui? Que leur importe? Prompts à conclure, gênés par l'ignorance des faits de la veille, on les voit prendre pour un Prussien le bourgeois donnant un ordre en patois alsacien, l'ouvrier fumant sa pipe de porcelaine, le commerçant doué de l'inharmonieux accent que l'on sait. Autant vaudrait soutenir, à ce compte, que les Provençaux de Cannes et d'Antibes sont Italiens, les changeurs de Bayonne Espagnols et les hôteliers de Boulogne-sur-Mer Anglais.

Je ne saurais trop le répéter, Strasbourg est une ville plus française aujourd'hui que dix ans avant la conquête. On mettait alors une certaine paresse à sacrifier les derniers vestiges de l'autonomie antique, on se confinait souvent dans des usages assez semblables à ceux des populations de la rive droite du Rhin. Aujourd'hui, comme c'est protester contre l'annexion que de se rapprocher le plus possible des mœurs et des habitudes de la France du centre, on exagère presque les *gallicismes*. On se complaît par devoir dans cette étude constante : ne pas paraître Allemands.

Où serait, d'ailleurs, l'habileté de M. de Bismarck, s'il n'avait pas réussi dans une certaine mesure à duper l'Europe sur les véritables sentiments des Alsaciens-Lorrains? J'aurai l'occasion d'expliquer le savant mécanisme de la presse dans les provinces conquises et de la censure qui frappe les feuilles françaises à leur entrée en Alsace-Lorraine. C'est l'art du trompe-l'œil élevé à sa dernière puissance.

Aussitôt après la signature du traité de Francfort, il y a eu dans ces provinces un double mouvement qui a égaré l'opinion. D'un côté, les ardents se sont précipités dans l'option avec l'espoir qu'une nouvelle guerre éclaterait sous peu ; de l'autre, les sédentaires, confiants aussi dans un prompt changement de fortune, se sont confinés dans l'abstention du désespoir. On a pu croire après les étranges déclarations de Mʳ Raess, évêque de Strasbourg, que le mouvement d'autonomie allait s'accentuer. On comptait donc beaucoup à Strasbourg sur les élections de 1878. Le candidat agréable à l'administration, M. Berckmann, était d'autant plus en droit d'espérer un succès que *trois mille Allemands* venaient d'être inscrits sur les listes, représentant, à eux seuls, le quart de la population électorale. M. Schnéegans absolument rallié, sous le faux nom d'autonome, à la politique de M. de Bismarck, entraînait à sa suite un groupe de partisans qui, dans Strasbourg, s'élevait à près de quinze cents voix. Mais un grand changement s'était opéré dans les esprits depuis 1874. On avait vu fonctionner la dictature, compris le danger de la politique préconisée par M. Schnéegans, repris courage. On s'était dit : Restons nos maîtres,

CHAPITRE III.

et usons pour faire acte d'opposition allemande des forces qui nous restent.

C'est pourquoi, en 1878, après sept années de compression, de dictature gouvernementale et municipale, la ville de Strasbourg, malgré ses électeurs allemands et ses égarés autonomistes a envoyé au Reichstag M. Kablé, député de la protestation, avec deux mille six cents voix de majorité. Depuis lors, l'opinion a d'autant plus progressé que la France a repris plus de forces, que la politique bismarckienne a subi plus d'échecs déguisés en Europe. Le groupe de M. Schnéegans pourrait tenir aujourd'hui dans sa main. Ce sceptique audacieux a compris que la comédie était jouée. Nous venons de le voir renoncer à son mandat et recevoir ses trente deniers sous forme de sinécure dans le gouvernement du *statthalter* de Manteuffel. Il est maintenant M. le conseiller ministériel Schnéegans, mais se garde bien de porter ses pas autre part que dans les brasseries allemandes.

Si, m'abstenant d'insister sur le changement qui s'est récemment opéré en Alsace, je cherche ailleurs des jugements sur la situation de l'Allemagne de ce côté du Rhin, puis-je faire mieux que de citer un écrivain prussien, M. Gustave Rasch, dont l'ouvrage, *les Prussiens en Alsace-Lorraine,* vient d'être traduit par M. Louis Léger? Comment s'exprime-t-il sur la solidité de la conquête, sur l'amour des populations reconquises par la Grande-Allemagne, sa patrie? Écoutons-le :

« J'ai souvent, dit-il, visité la Lombardie et la Vénétie, à l'époque où les généraux autrichiens gouvernaient ces provinces par l'état de siège et les tribunaux militaires. La haine de la population italienne contre les officiers, les employés et les soldats autrichiens, était aussi opiniâtre que violente. Il ne pouvait être question de relations sociales entre les Italiens et les *Tedeschi*... Ce que j'ai vu en Italie, je l'ai vu en Alsace-Lorraine. Même haine, même isolement vis-à-vis des employés, des officiers, des soldats prussiens.

« Les feuilles officielles ou nationales-libérales de Prusse se hasardent parfois à affirmer que les relations sociales se sont améliorées dans les *nouveaux pays d'empire*. Je dois d'avance considérer ces assertions comme des inventions d'écrivains payés sur les fonds secrets. Les faits produits par eux sont généralement inventés. J'affirme — et des Prussiens aussi bien que des Alsaciens m'ont confirmé dans cette idée — que les relations sont actuellement pires qu'au début de l'occupation, dans les campagnes comme dans les villes. »

CHAPITRE III.

Et M. Gustave Rasch, écrivain prussien, continue sur ce ton et prouve par cent anecdotes la réalité des faits qu'il avance. Lui qui compatit aux souffrances des populations conquises, s'affiche républicain et ne voyage que dans l'intérêt de la vérité, est reçu partout en ennemi, les portes se ferment à son approche, les conversations cessent. Il essuie mille déboires et mille avanies. Forcé de se rejeter vers la société de ses compatriotes, il ne rencontre que négociants ruinés par leur séjour, employés moroses désireux de retourner chez eux coûte que coûte, officiers et soldats découragés, las de la quarantaine qu'on leur inflige. Ils sont tous convaincus que jamais on ne prendra le dessus, qu'il faut y renoncer et se considérer comme en pays ennemi.

Est-ce que M. Rasch est le seul à dire hardiment la vérité[1] ? Non ! les feuilles allemandes ont leurs accès de franchise et conviennent parfois, je pourrais en citer vingt exemples, que tout espoir est perdu de voir les frères de la rive gauche du Rhin se rallier à l'œuvre de l'Allemagne et participer à la culture germanique

L'écrivain auquel je viens d'emprunter un jugement formel a cent fois raison de dire que la

---

1. Il a payé sa bonne foi par la saisie de son livre et une condamnation à la prison.

situation est plus tendue en Alsace-Lorraine que dans l'ancienne Vénétie, mais il n'essaye pas d'en chercher les raisons. Il parle bien quelque part de la vieille race alsacienne des bourgeois du xiii° siècle qui, élevée dans des idées d'indépendance et de libre-pensée, s'est perpétuée jusqu'à nos jours, mais il ne se rend pas compte de la puissance décuplée d'une opposition à la fois générale et insaisissable.

Les Alsaciens-Lorrains ont pour eux l'entêtement et la religion du passé, mais ils ne manifestent pas. Ils se distinguent en cela des Français d'outre-Meuse. Une froideur relative de tempérament et le long usage des libertés municipales leur ont enlevé toute velléité révolutionnaire. C'est un peuple complet qui a passé par les phases communales et nationales pour arriver à une apogée de sang-froid et de confiance en lui-même. Fouillez l'histoire d'Alsace-Lorraine, remontez aux souvenirs de la *décapole,* vous ne trouverez ni émeutes, ni sociétés secrètes, ni conspirations contre un ordre de choses établi. L'Alsace attend des ressources de la légalité, même étroite, et des nécessités de l'histoire, le redressement de maux trop immérités pour être durables et de déchirements trop antilogiques pour être consacrés par le temps.

Voilà pourquoi l'habitant de ces contrées si bien

douées par la nature, si mal partagées aujourd'hui, se renferme en lui-même, se méfiant de l'homme qui passe, supportant patiemment son sort, ne donnant aucune prise à la répression, ne se livrant jamais, réservé, regardant passer. Il n'a pas cette exubérance méridionale qui faisait ricaner l'Italien sous les baïonnettes des *Tedeschi*, et donnait naissance à des conspirations de mort entre les élèves des universités. C'est un descendant des fiers Alsaciens des villes libres, alourdi dans ses habitudes germaniques. L'esprit pratique, prompt à la compréhension, facile, libéral, qu'il doit au mélange de sang gaulois, le rend cependant impropre aux choses nébuleuses d'Allemagne. Le temps peut marcher, les périodes historiques se succéder, le citoyen plein d'énergie, le bourgeois moyen âge ne changera pas. « Les deux populations allemande et française sont aussi séparées dans la vie alsacienne, me disait un habitant de Strasbourg, que les eaux de l'Ill et du Rhin qui courent si longtemps côte à côte sans se confondre. »

Je m'étais fait une opinion basée sur les faits les plus concluants, j'avais emprunté leurs jugements à des Allemands qu'on ne saurait suspecter de partialité envers la France, mais je n'avais pas encore consulté les Alsaciens eux-mêmes sur la question de germanisation. Le surlendemain de mon arrivée à Strasbourg, dînant chez un ami, en compagnie de quelques notabilités non politiques qui passent pour assez gênantes aux yeux de l'administration allemande, j'abordai ce sujet délicat et, mettant, comme on dit vulgairement, les pieds dans le plat, je déclarai qu'à tort ou à raison beaucoup de Français et des mieux posés croyaient à la germanisation de l'Alsace.

— Mon Dieu, me répondit un homme éminent, dont je regrette (on en comprendra le motif) de ne pouvoir citer le nom, vous ne me surprenez pas; nous savons exactement ce qui en est. L'opinion dont vous parlez est profondément injuste, illogique et, au point de vue français, antipatriotique, mais il convient d'avouer qu'elle a sa raison d'être. Paris est une immense machine à centralisation. On arrive à n'y plus tenir compte des extrémités. C'est la pieuvre aux cent bras, qui ne saurait avoir conscience des amputations successives qu'on lui fait subir. Nous, au contraire, nous étions des décentralisateurs, des autonomistes *dans le vrai sens du mot*, quand nous avions le bonheur d'être Français. Rappelez-vous le mouvement si franc et si net de décentralisation alsacien-lorrain, la publication des revues *Varia* et *Francs-Propos*. Nous sommes restés nous-mêmes dans l'unité française, tirant parti des capacités locales, éloignés de toute ambition centrale, de tout désir de domination politique et, par conséquent, de toute influence gouvernementale.

— Cependant, interrompis-je, l'Alsace et la Lorraine ont leur contingent de gloires tout à fait nationales, tout à fait françaises.

— Vous parlez au point de vue militaire, reprit mon interlocuteur, mais avouez que nos provinces n'ont jamais joué dans l'unité gauloise le rôle brillant de certains départements du Centre et du Sud, plus riches en pourchasseurs de fortunes politiques qu'en héros de champs de bataille. Notre mouvement décentralisateur, si conséquent avec nos souvenirs historiques et le tempérament de nos populations, était mal interprété par la presse, mal vu en haut lieu. On nous en voulait un peu de préférer nos riches campagnes à l'asphalte du boulevard. Comparez, cependant, ce que nous sommes, en vertu du traité de Francfort, avec ce que nous étions avant 1870. Nous n'avons pas seulement perdu notre nationalité si glorieusement conquise sur les champs de bataille de la première République, nous sommes tombés d'un régime de liberté relative dans la dictature sans frein. C'est ce qui fait que vos reproches de germanisation n'ont aucune base sérieuse. Et tenez, puisque votre intention est de raconter à Paris ce que vous aurez vu et appris sur les bords du Rhin, vous avez un premier devoir à remplir. C'est de rappeler à nos frères de France qu'en Alsace-Lorraine l'opinion publique ne peut se manifester sous aucune forme. On ne saurait trop insister sur ce point. La dictature, une dictature hypocrite et retorse, règne ici dans toute sa force, et les procédés en usage ne seront pas modifiés par le nouveau gouverneur général. L'article 10 de la loi d'organisation permet à l'autorité d'appliquer les mesures d'état de siège sans aucune responsabilité. Une seule feuille française pénètre en Alsace-Lorraine sans subir la censure, *le Temps*. Les feuilles socialistes allemandes ou simplement d'opposition, comme *la Gazette de Francfort*, n'entrent pas dans le pays d'empire.

« On se sert des lois de presse napoléoniennes. Si bien que, vis-à-vis de la France, au point de vue de l'interdiction des feuilles publiques, nous sommes considérés comme des Allemands et, vis-à-vis de l'Allemagne, comme des Français. Toute une presse berlinoise subventionnée nous représente comme conquis à l'idée allemande, gagnés à la dictature, séduits par les institutions de l'empire. Ce sont des dithyrambes sans fin en l'honneur des enfants prodigues rentrés au bercail, des hymnes à tant la strophe payés par les fonds secrets d'Alsace-Lorraine, c'est-à-dire par nous, ou par les fonds de l'empire. Tout cela est faux, archifaux.

« On voit cependant vos journaux parisiens prendre à la longue au sérieux les mensonges des feuilles vénales sans se rendre compte que leurs articles sont rédigés à Berlin. C'est logique, nous ne pouvons leur opposer des démentis. Notre seule arme est l'attitude que nous gardons vis-à-vis de nos vainqueurs, et cette résistance occulte de tous les instants ne saurait donner lieu à la moindre polémique. Elle échappe forcément à vos observations. »

On en vint bientôt, la conversation se généralisant, à parler des mœurs administratives et de la discipline militaire. Les deux anecdotes suivantes eurent quelque succès :

Il y a quelque temps le *Kreisdirector* (chef de cercle ou sous-préfet à attributions plus larges et à juridiction moins étendue) de la ville de M..., M. d'A..., connu pour ses habitudes d'ivrognerie, fut trouvé cuvant son vin dans un fossé. Quelques notables firent ramener le magistrat à son hôtel dans un tombereau. Ils adressèrent ensuite au président supérieur une demande de révocation. Celui-ci transmit aux habitants de M... cette réponse, désormais historique en Alsace : « L'ivrognerie, même habituelle, n'est pas un motif suffisant de révocation. D'ailleurs, M. d'A... est très protégé par la cour de Saxe. »

Strasbourg ne possède qu'un poste important commandé par un officier, celui de la place Kléber, où se trouve en permanence le piquet d'incendie. Un jeune Strasbourgeois, d'abord volontaire d'un an, puis officier de réserve, entrant l'autre soir au poste pour y saluer son lieutenant, le trouva en compagnie de sa maîtresse et s'enivrant sous l'œil des soldats. Peu après le lieutenant sortit en compagnie de cette femme et, jusqu'au matin, un sous-officier alsacien commanda la garde.

O sainte et poétique Allemagne ! O discipline de fer !

La dernière anecdote qui venait de m'être contée me faisait souhaiter de porter la conversation sur le terrain militaire. Je voulais savoir comment l'autorité allemande agit vis-à-vis des recrues d'Alsace-Lorraine, si les jeunes gens continuent à émigrer en masse, quels sentiments nourrit la population civile pour les soldats, et surtout pour les sous-officiers et les officiers alsaciens-lorrains. L'une des personnes présentes me fournit bientôt ces renseignements.

« Remarquez, me dit-elle, le petit nombre de jeunes gens qu'on rencontre dans les villes. A Strasbourg, la population masculine n'est composée que d'enfants et de vieillards. La raison en est bien simple. Avant la guerre, la population masculine était à la population féminine comme 99 est à 100. On ne compte maintenant dans les campagnes que 90 hommes pour 100 femmes. Cette proportion tombe dans les villes jusqu'au-dessous de 80 pour 100[1]. Prenez, par exemple, une ville de 80,000 habitants, elle ne réunira en chiffres ronds que 35,000 hommes contre 44,000 femmes. Eh bien ! la proportion des hommes de 20 à 25 ans n'est que 7 pour 100 sur ces 35,000. En d'autres termes, c'est environ 2,500 jeunes gens pour une cité de 80,000 âmes. L'émigration est donc très considérable et elle affecte toutes les formes. Elle ne s'accomplit pas uniquement au profit de la mère-patrie ; la Suisse, la Belgique, les deux Amériques reçoivent leurs contingents. Cette émigration a naturellement dépeuplé la Lorraine beaucoup plus que l'Alsace. N'oubliez pas que beaucoup de nos paysans du Rhin auraient été contraints, s'ils avaient opté pour la nationalité française, d'apprendre une langue dont ils ne connaissaient, grâce

---

[1]. D'après le dénombrement général officiel de 1876, il y a en France 18,373,639 hommes et 18,532,149 femmes. La proportion est donc de 99.15 hommes pour 100 femmes.

à leur passage dans les écoles primaires, que les simples rudiments. Néanmoins, et pour vous faire saisir dans tous ses détails le problème de l'émigration, je vais vous citer des chiffres, à peu près officiels, ne s'appliquant qu'à l'Alsace; vous verrez alors ce que l'Allemagne a fait de notre province. Ces chiffres sont on ne peut plus utiles à connaître, tant au point de vue de la germanisation qu'au point de vue militaire. Si nous prenons la population des deux départements français du Haut-Rhin et du Bas-Rhin d'après le recensement officiel de 1866....

— Mais, objectai-je, le Haut-Rhin a été diminué du territoire de Belfort et l'Alsace a été grossie par l'adjonction du canton de Schirmeck enlevé au département des Vosges.

— Sans doute, et nous tenons un compte exact de ces différences. La population des deux départements du Haut-Rhin et du Bas-Rhin, diminués de Belfort et augmentés de Schirmeck, s'élevait en 1866 à 1,090,000 habitants. L'excédent des naissances sur les décès était alors de 27 pour 100 et promettait pour le recensement de 1871 une augmentation des plus considérables. Au lieu d'un accroissement qui pour la période de 1856 à 1861 avait été de 31,000 et pour celle de 1861 à 1866 de 25,000 habitants, l'Allemagne constata en 1871 une diminution de 37,000 âmes sur le recensement de 1866, bien que les pays d'outre-Rhin eussent fourni un contingent d'immigrants qui devait plus tard s'élever à 60,000 Allemands venus d'Allemagne à différentes époques.

« Ainsi cet arrivage si considérable d'immigrants n'a pas suffi, joint à l'accroissement normal d'une population naturellement prolifique, à maintenir la balance égale. En 1875, d'après un nouveau recensement, la population avait encore décru de 7,056. Il y avait alors en Alsace 1,034,122 habitants sur lesquels 40,000 Allemands immigrés et 16,000 étrangers sont à déduire pour former le chiffre alsacien recrutable. C'est ici que je rentre, après une digression nécessaire, dans le sujet qui vous intéresse. Si, étant donnée une population recrutable alsacienne de 978,000 âmes en chiffres ronds, nous faisons, villes et campagnes comprises, la part de l'élément masculin à raison de 86 pour 100 du nombre total, nous ne trouvons que 452,000 hommes. Il convient de prendre les 7 pour 100 de cette population masculine pour avoir le nombre des jeunes gens de 20 à 25 ans, soit 31,000 [1]. Mais comment se compose ce contingent qui donnerait 6,200 jeunes gens par année pour l'Al-

1. En calculant dans les mêmes proportions la population masculine de 21 à 25 ans en France, on trouverait 1,194,000 hommes de cet âge au lieu de 1,556,000.

sace seule? Pour une part énorme, il ne se compose que d'impropres au service militaire. L'administration allemande s'est, du reste, chargée de nous éclairer. Dans les quatre premières années de l'obligation militaire, elle a appelé pour l'Alsace-Lorraine entière 111,152 jeunes gens; 27,000 étaient présents dans leurs foyers, *dix mille* ont été déclarés propres au service. Les chiffres ont légèrement augmenté dans ces derniers temps ; mais, pour me servir d'une comparaison facile à saisir, un pays comme la France enrégimentant la totalité de ses contingents ne pourrait, si la population était aussi rebelle au service militaire qu'en Alsace-Lorraine, mettre sur pied en temps de guerre, avec le service de cinq ans, une armée active de 300,000 hommes.

— Sur quelle catégorie de citoyens, demandai-je, le recrutement a-t-il réussi plus particulièrement à s'exercer?

— Sur les fils de paysans propriétaires de quelques lopins de terre, sur les membres de familles dépendant par leurs emplois ou leur commerce de l'administration allemande, sur les malheureux pour lesquels tout déplacement onéreux est impossible [1].

---

1. De 1872 à 1876, la population de Meurthe-et-Moselle s'est accrue de 30,656 habitants, celle du Doubs de 12,909, celle de Belfort de 7,238.

Dans les villes, quelques familles aisées, ralliées au prétendu système autonomiste, ont poussé leurs jeunes gens vers le volontariat. Quelques-uns sont officiers de réserve à la suite d'assez brillants examens. Aucun, à ma connaissance, ne sert comme officier dans l'armée active.

— N'éprouve-t-on pas, dis-je, quelque embarras à rencontrer dans les familles strasbourgeoises ces soldats malgré eux, à se trouver en contact avec des officiers allemands d'Alsace?

— Nous n'aimons pas, me répondit mon obligeant interlocuteur, à parler des soldats alsaciens-lorrains. Le recrutement est, en effet, le signe le plus évident du servage. Notre ligne de conduite est bien simple. Nous fermons la porte à tous les jeunes gens du pays qui se sont laissé enrégimenter, étant dans une position de fortune suffisante pour émigrer. Nous les blâmons plus ouvertement encore s'ils sollicitent un grade. Quant à ceux qui, pauvres et dénués de toutes ressources, sont absolument contraints d'endosser l'uniforme, nous les plaignons sincèrement et nous les accueillons sans aucun reproche. Les gradés, d'ailleurs, exercent leurs fonctions pour éviter les rigueurs du service et non par adhésion aux principes allemands. Au moment où l'Allemagne menaçait la France, en 1875, tous ces braves gens ont passé par des angoisses terribles. Je vous ferai lire les lettres touchantes qu'écrivait à son père, mon ami, un ancien officier de réserve en garnison dans une ville allemande. Vous verrez si l'Allemagne a gagné le cœur d'un seul véritable Alsacien. J'ajouterai que volontaires d'un an ou soldats du service de trois ans, les Alsaciens-Lorrains rentrent dans leurs foyers sans avoir été aucunement modifiés par la férule militaire et la propagande de gloire germaine. Beaucoup d'entre eux appartiennent aujourd'hui ouvertement, quoique liés au service en temps de guerre, au parti le plus anti-allemand de Strasbourg. »

Le lendemain, je me trouvais de bon matin sur l'un des talus qui protègent le canal des faux remparts, non loin de ce faubourg de Pierre qui fut entièrement détruit par les obus allemands. Je dominais de ce point élevé l'une des cours intérieures de la caserne de Finckmatt, où, le 30 octobre 1836, celui qui devait coûter à la France l'Alsace et la Lorraine tenta, par un *pronunciamiento* militaire, d'escalader les marches du trône impérial qu'un autre attentat aux lois devait lui permettre de franchir seize ans plus tard.

J'ai vu du haut de cet observatoire équiper quelques réservistes strasbourgeois, fils de ceux que les projectiles des Badois ont mutilés ou ruinés, frères cadets des héroïques soldats de Reichshoffen ou de Gravelotte. C'est, j'en conviens, un spectacle lamentable pour un Français, mais les pudeurs d'un faux patriotisme doivent-elles nous empêcher de sonder nos blessures ? Ne posséderons-nous jamais ce sang-froid qui permet à nos vainqueurs d'envisager les choses au point de vue purement *objectif* ?

Si le cœur d'un Français se serre au point de se briser à la vue de ces jeunes gens contraints de payer l'impôt du sang à ceux qui nous en ont déjà tant fait verser et de coiffer le casque à pointe, objet de leurs terreurs d'enfants et de leurs premières manifestations patriotiques quand ils arpentaient, en 1870, à l'âge de quinze ans, les rues du vieux Strasbourg, derrière nos régiments courant, hélas! à la défaite, certaines impressions consolantes naissent cependant, pour lui, d'un pareil spectacle.

Obéissants, ponctuels comme leurs aînés de l'armée française, les Alsaciens, rangés sur deux rangs, recevaient leurs effets d'habillement et se rendaient dans les baraques pour les revêtir. Pas un cri, pas un chant. Aucun mélange avec les frères de la Grande-Allemagne. Impossible, d'ailleurs, de confondre les deux éléments. A côté du porte-pointe lourd, épais, aux pieds cyclopéens, à la démarche ursine, passait le fin soldat, aux allures dégagées, à l'œil franc et clair, aux mouvements harmonieux. On cherchait involontairement le képi de celui-ci ; on aurait été étonné de ne pas apercevoir le casque de celui-là.

« Eh bien, me dit un soldat alsacien, gêné dans son uniforme, cherchant les ruelles pour gagner le domicile de ses parents, rougissant à la vue d'habitants de sa connaissance ; eh bien, monsieur, vous avez vu cela, c'est quelque chose de joli, n'est-ce pas ? en voilà pour six semaines ; mais le dessous de l'uniforme n'est pas *swoob*[1], allez !

---

[1]. Cette expression, qui veut dire en réalité souabe, est considérée par les Allemands comme une très grave injure.

CHAPITRE IV.

Promenades autour de Strasbourg. — Le Rhin. — Kehl. — Kléber, Desaix, Rouget de l'Isle. — Les nouvelles fortifications. — L'agrandissement de la ville. — Histoire du conflit municipal. — MM. Humann, Pron, Küss, Klein, Bœrsch, Valentin. — M. Lauth, maire de Strasbourg. — La carte forcée allemande. — Le dictateur Bach. — Le déficit. — Le théâtre. — Les soirées de Strasbourg. — Un Français de dix ans.

J'avais entrepris quelques promenades dans les environs de Strasbourg, traversé le délicieux jardin de l'Orangerie, désert aujourd'hui du matin au soir, poussé jusqu'à Kehl, dont la large rue était autrefois si fréquentée par la foule des Strasbourgeois. Je m'étais arrêté sur le pont de bateaux du Rhin, en plein fleuve, à l'endroit où les flots bleus, précipitant leur course, mugissent comme une mer en fureur, où jadis les deux sentinelles badoise et française, adossées aux poteaux frontières, se regardaient.

Que de souvenirs se présentaient alors à mon esprit! Je revoyais tous ces lieux de plaisir, les Contades avec leurs jolies guinguettes attendant les groupes joyeux d'ouvriers endimanchés qui franchissaient la vieille porte des Juifs ; la Robertsau, dont les allées, dessinées par Le Nôtre, étaient aussi fréquentées dans les jours de fête que nos Tuileries et dont les superbes orangers s'abritaient le long des murs du pavillon qui fut un instant la demeure de l'impératrice Joséphine ; l'île des Épis, entre les deux bras du Rhin, où venaient jouer les lycéens en promenade auprès du mausolée consacré en 1801, par l'armée du Rhin, à la mémoire du général Desaix. L'histoire française est écrite partout, en caractères indélébiles, sur cette ancienne frontière. L'Alsace n'est pas une de ces contrées neutres et malléables qu'un hasard place du côté de la vérité, et qui sont le lendemain du côté de l'erreur. Les restes de Kléber, l'héroïque divisionnaire de Sambre-et-Meuse, reposent aux pieds de la statue que lui ont élevée ses compagnons d'armes [1], l'ombre de Desaix regarde le Rhin, Rouget de l'Isle a improvisé la *Marseillaise* chez le maire Dietrich, rue de la Mésange ; germanisez donc !

« Ah ! me disait hier un vieux Strasbourgeois, ancien soldat, chevalier de la Légion d'honneur, nous

---

1. La statue en bronze de Kléber repose sur un piédestal orné de bas-reliefs représentant des épisodes des batailles d'Héliopolis et d'Altenkirchen. On lit sur la face antérieure : « J.-B. Kléber, né à Strasbourg le 6 mars 1758, adjudant gé-

CHAPITRE IV.

ne demandons qu'une chose, c'est que là-bas, en France, vous ayez un jour autant envie de nous reprendre que nous avons envie d'être repris. Ce ne serait pas long alors ! »

Les nouvelles fortifications de Strasbourg seront bientôt terminées. C'est ce dont j'ai pu me convaincre en faisant plusieurs fois le tour de la ville. On a reculé l'enceinte. Les anciens remparts, remplacés par des travaux d'une importance capitale et d'un relief inusité, sont progressivement livrés aux démolisseurs. On veut pouvoir tenir assez longtemps pour attendre une armée de secours, même si la ceinture des forts était forcée sur la rive gauche du Rhin, et s'appuyer pour cela sur le camp retranché de la rive droite[1], avec lequel le nouveau chemin de fer de Kehl, qui sera inauguré en novembre, assurera les communications matérielles. Ce tronçon gagne 5 kilomètres sur l'ancienne ligne qui contourne longuement la ville de Strasbourg[2].

néral à l'armée de Mayence, général de brigade à l'armée de la Vendée, général de division à l'armée de Sambre-et-Meuse, général en chef en Égypte, mort au Caire le 14 juin 1800. »

1. Formé par les trois forts d'Auenheim, de Neumuhl et de Sundheim.

2. Ce raccourci a été établi d'après les projets de M. de Sappel, ingénieur de la ligne de l'Est. La dépense s'élève à deux millions de francs.

L'histoire de la destruction des anciennes fortifications et de l'agrandissement de la ville de Strasbourg mérite d'être contée. On pourrait l'intituler : *Histoire de la vie municipale en Alsace-Lorraine.*

Il suffit d'avoir lu les récits alsaciens d'avant l'annexion à la France, consentie par les magistrats strasbourgeois, pour connaître l'attachement des Alsaciens à leurs institutions communales. Les respecter eût été très politique et surtout très habile de la part de l'Allemagne. En favoriser le développement, tout en concédant aux pays d'empire certaines franchises militaires, eût passé, à bon droit, pour un trait de génie. Républiques au moyen âge, habituées à vivre de leur vie propre longtemps respectée par la monarchie française, les grandes cités se fussent peut-être désintéressées à la longue du mouvement général des idées et de la politique. Voyons comment s'est comporté le chancelier de l'empire.

Le budget de la ville de Strasbourg se soldait, en 1870, par environ 2 millions de francs. Contrairement à la plupart des villes de France, séduites par les doctrines de M. Haussmann, un Alsacien pourtant, le chef-lieu du Bas-Rhin n'avait contracté que des dettes insignifiantes. On se hâtait d'amortir les faibles emprunts votés jusque-là. Le conseil municipal, en vertu d'un principe qu'on ne saurait trop louer, ne procédait à une dépense qu'après en avoir réuni préalablement les fonds. Au moment de la déclaration de guerre, la ville se trouvait ainsi posséder en dépôt, à la succursale de la Banque de France, *un million*. Cette somme, destinée à la canalisation générale des eaux, servit plus tard à couvrir les dépenses extraordinaires entraînées par le bombardement sauvage de Strasbourg et les premières réquisitions des occupants étrangers.

Le maire était M. Humann, fils de l'ancien ministre de Louis-Philippe. Quant au conseil municipal, composé en majorité de libéraux nuance centre gauche, il ne devait rester en fonction que jusqu'au 6 août. Un scrutin s'ouvrit pour son remplacement à l'heure même où l'armée du prince royal attaquait Mac-Mahon, près de Wœrth. Personne, on le comprend, ne vint voter, et le conseil, aux prises avec des nécessités urgentes, resta en fonctions, quoique sans existence légale, avec l'assentiment tacite des populations. On dut, toutefois, régulariser la situation au point de vue des pouvoirs financiers, et le baron Pron, préfet du Bas-Rhin, tourna la difficulté en convertissant le conseil en commission municipale, avec adjonction d'habitants notables.

Séparée de l'autorité centrale, cette commission, ayant appris la proclamation de la République, le

10 septembre, s'empara des pouvoirs politiques, administratifs et municipaux. Elle fit de M. Bœrsch, directeur du *Courrier du Bas-Rhin*, un préfet, et de M. Küss, docteur-médecin, un maire. Peu de temps avant la reddition de Strasbourg, se place l'incident Valentin [1]. Les élections pour l'Assemblée nationale eurent lieu, et M. Küss, l'un des députés d'Alsace-Lorraine, mourut à Bordeaux, immédiatement après le vote qui livrait nos frontières à l'Allemagne.

Nous entrons dans l'histoire contemporaine. M. Klein, pharmacien à Strasbourg, adjoint au maire, exerça les fonctions municipales jusqu'au mois de juillet 1871, époque à laquelle les Allemands convièrent les Strasbourgeois à élire un nouveau conseil suivant la loi française. On opéra assez régulièrement; M. Lauth, banquier, l'un des hommes les plus justement estimés de Strasbourg, placé en tête de la liste, fut nommé maire.

Cet âge d'or municipal ne devait pas durer longtemps. Des conflits éclatèrent de plus en plus fré-

---

[1]. Le trait d'héroïsme de M. Valentin traversant les lignes allemandes pour venir prendre possession de son poste de préfet du Bas-Rhin est connu. La présence de cet homme de cœur eut cependant à Strasbourg peu de retentissement, la place étant à la veille de capituler.

M. Valentin, sénateur, est mort le 1er novembre courant.

quents entre le conseil élu, jaloux de sauvegarder les intérêts de la ville, en défendant l'autonomie communale, et l'administration allemande travaillée du désir d'employer l'argent des Strasbourgeois à des œuvres utiles.... à l'armée prussienne. Sous prétexte de faire de Strasbourg une immense cité, la vraie capitale des contrées du Rhin, un rendez-vous allemand par excellence, un centre de lumières, l'autorité manifesta l'intention de détruire les anciennes fortifications à la Vauban. L'opération était basée sur un plan financier des mieux conçus. On offrait à la ville 3 millions de marcks sur l'indemnité de guerre (3,750,000 francs) et les terrains qui resteraient libres par suite du déblaiement, si elle consentait à se charger à forfait de l'entreprise. C'était estimer les terrains à 17,750,000 francs, puisque le devis des travaux s'élevait à 17 millions de marcks, soit 21 millions de francs.

Le conseil municipal et le maire, M. Lauth, ne se laissèrent pas prendre au tour de la carte forcée et refusèrent les offres de l'autorité. Quel parti immédiat pouvait tirer la ville, en ce temps d'émigration, de terrains hors l'ancienne enceinte? Aucun. On lui proposait en réalité de se charger, aux lieu et place de l'État, d'une énorme dépense d'ordre militaire, quelques mois après un bombardement dont elle n'avait pas encore effacé les traces. Mais l'administration allemande ne pouvait en rester là.

Les journaux d'outre-Rhin répandirent tout à coup le bruit que M. Lauth, maire de Strasbourg, avait dit en public : « Je ne resterais pas à la mairie si je n'avais l'espoir que l'Alsace fera prochainement retour à la France. » La calomnie fit son chemin dans les feuilles nationales-libérales et M. Lauth fut brutalement destitué, sans enquête préalable. On avait, comme on dit, trouvé le joint. Le livre allemand de M. Rasch, *les Prussiens en Alsace-Lorraine*, contient à cet égard la déclaration suivante qui a été faite par M. Lauth à ce publiciste : « Je n'ai jamais fait mystère de mes convictions politiques au président de Mœller ou au général de Hartmann ; je leur ai plusieurs fois répété ceci : Je vous dirai toujours la vérité, toute la vérité ; je représenterai de mon mieux, auprès de vous, suivant ma conscience, les intérêts de la ville de Strasbourg ; je ne mentirai pas, du reste, à mes convictions. Je suis républicain et Français ; je resterai l'un et l'autre. Mais je n'ai jamais déclaré que si je restais maire, c'était uniquement dans l'espoir de voir les Français revenir ici et Strasbourg rendu à la France. »

Les quatre adjoints donnèrent leur démission. On ne l'accepta pas, ils furent révoqués. Le conseil protesta, il fut d'abord suspendu, puis dissous sans autre forme de procès.

M. de Bismarck venait sur ces entrefaites de se faire autoriser par le Reichstag à nommer, dans certains cas, en Alsace-Lorraine, *des commissaires municipaux faisant fonctions de maires*. Si les conseils municipaux des villes munies d'un commissaire-maire venaient à être dissous, ce commissaire prendrait possession de *toutes les attributions des conseils* et cumulerait les deux fonctions.

Un pareil déni de justice, un pareil outrage à la loi et au bon sens, voté par une Assemblée dont la majorité se disait libérale! M. de Bismarck vient, dans la dernière campagne électorale pour le *Landstag* prussien, de traiter ces libéraux comme des valets, et il a eu raison. Je le demande aux publicistes de tous les pays, la dictature a-t-elle jamais été poussée aussi loin et affichée avec une telle impudeur? Voilà le régime sous lequel végète Strasbourg depuis 1874.

Il fallait un instrument docile. On trouva un directeur de police, M. Bach, qui, séance tenante, fut investi des doubles fonctions de maire et de conseil municipal. Il opéra, sans aucun contrôle, sur un énorme budget.

S'agit-il d'ouvrir un crédit? M. Bach, maire, fait une proposition; M. Bach, conseil municipal, délibère et vote ; il redevient maire pour porter l'arrêté à la connaissance des intéressés. D'énormes affaires ont été conclues par lui dans ces conditions. Illégalité et bouffonnerie mêlées !

Ce n'est pas que ce fonctionnaire ait méconnu son immense responsabilité. Sommé de donner une suite immédiate à la proposition d'agrandissement de la ville, il résista d'abord, trouvant cette prétention monstrueuse. La menace d'une destitution le détermina seule à agir. M. Bach proposa donc et signa, au nom de la ville, le traité d'échange des terrains laissés libres par la destruction des remparts contre une somme de 21 millions de francs.

Strasbourg, engagée par cette signature, paye, depuis le 1er janvier 1879, une somme de 1,250,000 francs tous les six mois jusqu'à parfait payement, et prend possession du périmètre d'agrandissement tracé par les ingénieurs militaires. Les frais de nivellement et de mise en état de viabilité coûteront 20 autres millions. C'est une charge de 40 millions léguée à la ville par M. Bach. J'ajoute que la situation des affaires en Alsace ne permet pas d'espérer que la ville puisse tirer parti des terrains reçus en échange [1].

1. Dans la séance du Reichstag du 7 février 1876, M. l'abbé Guerber, curé de Haguenau et député de Guebwiller, demanda en vain que le traité d'acquisition fût au moins soumis au

Mais le temps a marché, le déficit est venu, criant, immédiat, impossible à parer [1]. L'administration allemande n'a plus qu'un moyen devant elle pour que Strasbourg puisse faire face à ses engagements : l'emprunt. La signature de M. Bach, le chancelier le comprend, ne suffit plus. L'Europe n'a pas une confiance suffisante dans ce directeur de police bombardé dictateur municipal. On est sur le point d'appeler les Strasbourgeois à élire un conseil avec mission de pallier les fautes commises. Comment introduire dans ce conseil quelques Allemands parmi lesquels on choisirait un magistrat municipal, une sorte de maire à tout faire ?

Le moyen est assez simple. On supprimera le scrutin de liste qui donnerait une immense majorité aux protestataires et, à l'aide d'un habile sectionne-

---

nouveau conseil à élire. Le Reichstag vota purement et simplement un projet de loi « autorisant le chancelier de l'Empire à consacrer dix-sept millions de marcks à l'agrandissement et à l'enceinte de Strasbourg et d *vendre à la ville* au prix de dix-sept millions de marcks les terrains *dont l'administration militaire peut se passer.*

1. Le budget de Strasbourg pour l'exercice 1879-1880 se chiffre par 3,239,420 marcks, dont 1,537,420 de dépenses extraordinaires. L'annuité pour *achat forcé* des terrains militaires s'élève à 943,630 marcks, et les frais de nivellement à 100,000.

ment de quartiers, on fera nommer un conseil hostile, c'est vrai, mais panaché de quelques Allemands et d'autonomistes.

Il est à remarquer qu'en plus d'une circonstance, l'autorité s'est avouée vaincue. C'est ainsi qu'elle a donné aux recrues de langue française des instructeurs français et qu'après un long entêtement elle a consenti à laisser une troupe française jouer au théâtre de Strasbourg. On alterne maintenant entre une troupe allemande d'opéra et une troupe de comédie française et d'opérettes, le tout sous la direction de M. Heuler. La population est divisée sous le rapport du théâtre en trois catégories. Il y a les Strasbourgeois qui vont au théâtre français sans jamais mettre les pieds au théâtre allemand, c'est le plus grand nombre. Il y a ceux qui ne vont ni à l'un ni à l'autre. On en rencontre enfin quelques-uns que leur amour de la musique pousse à se montrer de temps en temps sur les banquettes à peu près vides de l'opéra allemand.

Le Strasbourgeois rentre chez lui de bonne heure ou se confine dans l'une des nombreuses brasseries où les Allemands n'ont pu élire domicile. C'est là, autour des tables de bois, garnies de chopes d'habitués à couvercles de porcelaine historiée, qu'on vide le plus souvent possible, au milieu du va-et-vient des filles de brasserie, alertes, court-vêtues et la sacoche en sautoir que les amis se rencontrent et devisent en fumant la pipe. Patrons, habitués, servantes ne parlent que français. L'étranger subit un court examen en entrant. On sait bientôt à quoi s'en tenir ; s'il faut mettre une sourdine aux conversations bruyantes ou se laisser aller aux confidences en gens qui se sentent chez eux.

Les places, les rues, les promenades urbaines et suburbaines, appartiennent, la nuit venue, aux Allemands. Le désordre s'étale dans son plein. On ne rencontre que des officiers sous l'uniforme ou en tenue civile en tête à tête avec des souillons plâtrés et des soldats devisant avec les servantes que leurs maîtres besoigneux poussent à se faire des gages autre part qu'à la maison. Cela rappelle Berlin, la capitale des bonnes mœurs, et la sentimentale allée des Tilleuls.

Il y a des lieux de plaisirs, brasseries, cafés chantants où jamais Français ne s'est montré : *Tivoli*, à la Robertsau, où les musiques de la garnison viennent donner des concerts, la *Thuringia*, le *Luxhoff*.

Les officiers de la garnison se fatiguent à la longue de leurs joies à l'allemande. On les voit par bandes nombreuses venir passer la soirée, en costume civil, au *Casino* d'été, sorte de grand café-concert français, à l'instar des *Folies-Bergère*. Il faut les voir applaudir aux chansons idiotes que tolère la censure allemande. Les chanteuses se rattrapent sur les gestes, prennent le port militaire, saluent à la française, font le tour de la scène la main sur la hanche, marquant le pas, plus cantinières que cocottes. Les assistants français saisissent ces allusions de mimique et trépignent. Les officiers affectent de rire d'un air bon enfant, mais ils sont la terreur des chanteuses. Il suffit, en effet, qu'ils manifestent un peu trop d'enthousiasme à l'endroit des charmes de Mlle X... ou de Mlle ***, pour que le public marque son opposition par des murmures. L'idéal est d'être sifflée par un Allemand. Au casino, la roche Tarpéienne est toujours près du Capitole et les gémonies confinent au Panthéon.

J'avais pris place, un soir, au troisième rang des fauteuils d'orchestre. Le premier rang et quelques fauteuils du second étaient occupés par des officiers en bourgeois. L'un d'eux, installé devant moi, beau garçon, grand brun, le binocle sur le nez, entreprit de lier conversation avec un bambin de dix ans, placé là par un violon de l'orchestre, son père sans doute. Était-ce une expérience que tentait l'officier? On aurait pu le croire.

« Eh bien! mon petit ami, lui disait-il en excellent français, sans accent perceptible, comment trouves-

CHAPITRE IV.

tu cela? Tu m'as l'air d'un bon garçon qui a été bien sage aujourd'hui? »

L'enfant faisait le gros dos, ne répondait rien et ne se tournait pas vers son interlocuteur.

« Tu es timide, continuait l'officier, je vois cela. Mais si je demandais pour toi un beau biscuit, tu me donnerais bien la main, n'est-ce pas? »

L'enfant s'impatientait et cherchait de l'œil son père dans l'orchestre. Chaque fois que l'Allemand se penchait vers lui, il se détournait.

« C'est bien, disait encore celui-ci, tu ne me connais pas et tes parents t'ont défendu de parler aux gens qui ne sont pas de leurs amis. Mais avec moi tu peux répondre. »

L'enfant n'y tenait plus, il se mordait les lèvres :

« Non ! s'écria-t-il tout à coup, en regardant l'officier bien en face, de ses grands yeux clairs, puisque vous êtes Prussien ! »

Mon voisin essaya bien d'avoir le dernier mot ; mais le cher petit Français était rentré dans son mutisme.

Ah ! les braves enfants ! Partout les mêmes en Alsace-Lorraine. On m'a conté, à leur sujet, ou plutôt au sujet des jeunes Allemands fils d'employés du gouvernement l'anecdote suivante : l'année dernière, dans un village des environs de Metz, où l'empereur Guillaume voulut bien s'arrêter, on lui présenta quelques enfants accompagnés de leur maître d'école. Ils chantaient en chœur, avec un certain entrain, l'hymne national allemand et tendaient à ce vieux souverain, que les idylles émeuvent et que les plus sombres tragédies laissent froid, leurs petites mains pleines de fleurs. Guillaume eut un mot charmant à l'adresse de ces fils d'ilotes et un regard plein de promesses pour le *Kreissdirector.* Le lendemain, l'empereur eut encore la joie de voir un groupe d'enfants rangés militairement devant l'école d'un autre village et qui murmuraient quelques strophes en son honneur. Son illusion ne fut pas longue. Il se tourna vers le fonctionnaire allemand et lui dit avec une certaine sévérité :

« Je vois bien que ce sont les mêmes enfants que j'ai déjà complimentés hier, je les reconnais tous ! » Et il ajouta : « Sont-ils nés dans le pays au moins ? »

Le *Kreissdirector* garda le silence.

CHAPITRE V.

Tournée militaire autour du camp retranché de Strasbourg. — La plaine de Kœnigshoffen. — Le fort Bismarck. — Faiblesse de cet ouvrage. — Les forts Grand-Duc-de-Bade et Prince-Impérial. — Un nouvel ouvrage. — Les forts de Roon, de Moltke et Fransecki. — Les défenses du sud et de l'est. — L'armée d'occupation. — Un souvenir de 1867. — Intérieur d'un fort.

Je m'étais mis en tête de parcourir la ligne des ouvrages extérieurs du camp retranché de Strasbourg, de compter les forts dont l'immense ceinture se déroule au loin, sur les deux rives du fleuve, d'en faire soigneusement le tour, de les examiner un à un, de relever pour mon compte personnel (qui sait ce qui peut arriver ?) leur position exacte et leurs angles à la boussole et au pas. Je me proposais même, si la chose était possible, de pénétrer dans l'une de ces caves fortifiées. Le moment était bien choisi pour circuler librement dans la campagne. La chasse venait de s'ouvrir et la garnison des forts avait été réduite au strict nécessaire, par suite de l'entrée dans la période d'instruction et de manœuvres.

C'est dans un break attelé de deux chevaux vigoureux, au fond duquel ma carte d'état-major déployée sur un tréteau et recouverte d'un châle échappait à tout examen, que j'ai pu faire le tour des ouvrages, m'arrêter aux endroits propices et prendre les notes les plus indispensables. Le fusil que je portais, ma tenue, les chiens qui gambadaient sur la route, la livrée du cocher mis à ma disposition éloignaient toute méfiance.

Il faut consacrer trois longues journées à ce voyage circulaire. On peut commencer par la région ouest, nord-ouest, nord; en quittant Strasbourg par la porte Nationale et en y rentrant par la citadelle, c'est une tournée d'environ 35 kilomètres. La seconde sortie sera employée à l'ouest, sud-ouest, sud, et prendra un peu moins de temps. On terminera par la visite des forts de la rive droite du Rhin, région de l'est. C'est ainsi que j'ai opéré.

Sorti par la porte Nationale ou porte Blanche (*Weissenthurmthor*), je m'engageai sur la route de Strasbourg à Paris par Saverne, et après avoir traversé le chemin de fer circulaire au point d'intersection de la ligne de Strasbourg à Bâle et le long village de Kœnigshoffen, sur l'une des maisons duquel on peut lire ces mots gravés dans le marbre : « Incendiée par les obus allemands le 24 août 1870, réédi-

CHAPITRE V.

fiée le... » je découvris bientôt l'immense plaine qui s'étend, à droite de la route, entre Kœnigshoffen et les hauteurs d'Hausbergen.

De nombreuses escouades de travailleurs circulaient dans les champs pendant que, près de moi, s'élevaient déjà les tribunes construites en prévision de la grande revue de l'empereur Guillaume. En effet, les voyageurs allemands accouraient à Strasbourg, en bandes serrées pour assister aux fêtes impériales de la fin de septembre. Les ouvriers couvraient de sable fin les larges espaces réservés aux déploiements et aux défilés. On arrachait les récoltes encore en terre. Les paysans qui les avaient arrosées de leur sueur regardaient avec une stupéfaction mêlée de terreur ces travaux de vandales ivres de militarisme et, quoique indemnisés en partie de leurs pertes, murmuraient entre leurs dents : « N'est-ce pas perdre le bien du bon Dieu ? »

Le monde germanique, l'armée, le haut état-major sont habitués à de semblables spectacles de guerre, mais cette solennité les attirait plus que de coutume. On avait le vague pressentiment que cette revue serait peut-être le couronnement de la carrière si longue du vieux monarque, la dernière du grand règne. L'octogénaire auquel la mort a tant de fois fait grâce, voulait fouler encore une fois la terre française; la terre conquise. Du haut du monticule ménagé près de la route de Saverne, n'allait-il pas voir sur sa droite s'élever la haute tour dont les dentelles de pierre ont été déchirées tant de fois par les obus de sa grosse artillerie ; sur sa gauche, les collines d'Oberhausbergen et la ligne des forts commandant les routes de Paris, de Haguenau et de Wissembourg ; et à ses pieds le noir fourmillement de ses bataillons ?

Une certaine curiosité politique se mêlait pour les voyageurs à l'attrait des fêtes militaires. On croyait même en Allemagne, que l'empereur profiterait de son séjour en Alsace pour tenter, à propos de la mise en vigueur de la nouvelle organisation, une réconciliation avec ces provinces. On se leurrait d'un vain espoir.

A la sortie du village de Kœnigshoffen, on découvre les hauteurs sur lesquelles se dressent les forts d'Oberhausbergen et de Niederhausbergen.

Les pavillons de signaux de ces ouvrages se voient de très loin. On quitte bientôt, à 2 kilomètres 300 mètres de Strasbourg, la route départementale courant sur la gauche vers Flexbourg. Ce chemin forme un angle aigu avec la route de Saverne. On passe par le village d'Eckbolsheim pour arriver, peu après, à Wolfisheim (5 kilomètres). C'est en avant de Wolfisheim et, à droite, entre le chemin de Flexbourg et la route de Saverne (à 200 mètres de cette dernière), que s'élève ou plutôt que se dérobe le fort Bismarck n° 6. Nous sommes à 4,500 mètres à vol d'oiseau des nouvelles fortifications de Strasbourg.

Le fort est en plaine, à fleur de terre. L'entrée tournante est à 5 mètres au-dessous du sol environnant. On voit s'élever, avec un très-faible relief, de gauche à droite, 3 cavaliers sur le flanc, 4 casemates gazonnées, une casemate centrale, surmontée du mât de pavillon, 4 casemates, 3 cavaliers sur le flanc. Le fossé tracé sur la face vers Strasbourg, est large à peine d'une quinzaine de mètres. On découvre toutes les fenêtres des casernes donnant sur ce puits à pic, maçonné au sous-sol des deux côtés. Autant qu'on en peut juger, l'ouvrage a 150 mètres de longueur sur 50 de largeur au flanc, et 75 de largeur au centre, entre l'entrée du fort et le principal saillant extérieur. A droite et à gauche du fort, face à l'ouest d'une part, et à la route de Saverne, c'est-à-dire au nord-ouest, de l'autre, s'étendent des épaulements et des tranchées, prolongeant de 75 mètres sur chaque aile la défense de la position.

Une route intérieure toujours couverte sur son flanc extérieur par les dépressions naturelles ou artificielles du terrain, fait le tour de l'enceinte des forts, passant à 100 mètres environ des ouvrages. Une seconde ligne plus intérieure suit celle-ci. Elle est formée par la voie, toujours saillante d'un mètre environ, du chemin de fer qui a servi à construire les forts. Les rails enlevés sont accumulés derrière chaque ouvrage, prêts à être reposés. Cette voie forme partout un abri de tirailleurs. Dans un magasin du génie, construit en bois en arrière du fort, se trouvent accumulés des moyens de transport.

L'ouvrage baptisé Bismarck est faible, très faible. Je ne cours le risque d'être démenti par aucun militaire. Bâti sur un terrain si peu solide que des réparations à la maçonnerie sont à tout instant nécessaires, il est dominé à très bonne distance par des renflements de terrain très propres à l'attaque et, ce qui est plus grave, au point de vue technique, échappant aux vues de l'artillerie des forts Grand-Duc-de-Bade et Prince-de-Saxe (n°s 5 et 7), ses voisins de droite et de gauche. Je citerai la hauteur d'Oberschaeffolsheim à 3,500 mètres du fort Bismarck, les pentes de la route de Saverne près du point de jonction de l'ancienne voie romaine et le plateau en avant d'Hurtigheim.

Les Allemands connaissent les défauts de cet ouvrage à peu près intenable et l'état-major est encore partagé sur cette question : N'y a-t-il pas lieu d'élever un fortin avancé sur la route de Saverne, à 1,800 mètres environ de l'ouvrage actuel ? Il est possible qu'on se prononce bientôt pour l'affirmative, mais obtiendrait-on des résultats appréciables ? Les environs de Strasbourg semblent disposés pour l'établissement d'un solide camp retranché. Il n'est pas douteux, en effet, que l'investissement d'une place appuyée sur les deux rives d'un fleuve comme le Rhin est fort difficile, mais les ouvrages de la rive gauche sont forcément dans une situation topographique dangereuse. La plaine d'Alsace s'élève de plateaux en plateaux jusqu'aux Vosges. Il n'y a pas de positions dominantes en marchant de Strasbourg aux Vosges, il n'y a que des positions dominantes en marchant des Vosges sur Strasbourg. Le génie est forcé de se fier à la force intrinsèque des ouvrages. Chacun connaît le nouveau système casematé souterrain. Sans prétendre imposer mon opinion, je crois que les forts construits suivant cette nouvelle mode sont on ne peut plus redoutables avec l'avantage de position, mais qu'ils sont inférieurs à leur réputation si, dominés à bonne distance, on en fait des nids à bombes. Les projectiles ne manquent plus leur but. Ce serait le cas pour le fort Bismarck. Il faudrait en cas de siège relever tous les jours la garnison de cet ouvrage, sous peine d'asphyxie. Ainsi, mauvaise position, construction défectueuse tenant à la nature du terrain, mais excellentes dispositions prises pour le service du fort.

Regagnant la nouvelle route de Saverne, on franchit l'espace compris entre celle-ci et la vieille route (1,600 mètres), pour traverser ensuite le village d'Oberhausbergen. Ici se dresse une crête courant vers le nord, prolongement des hauteurs qui, de la route de Saverne, dominent le fort Bismarck. Celles-ci se sont rapprochées de Strasbourg. La défense les a utilisées. Les gros ouvrages ici dressés sont beaucoup plus forts, beaucoup moins attaquables que le fort Bismarck. Nous verrons, cependant, qu'ils peuvent également être contre-battus avec d'autant plus de succès que les forts voisins établis en plaine ne peuvent leur être d'aucun secours. En sortant d'Oberhausbergen, on gravit le mamelon par un chemin très raide, encaissé entre les houblonnières et les vignes. Nous sommes à 4,800 mètres à vol d'oiseau des fortifications de Strasbourg. Nous apercevons enfin le fort n° 5, Grand-Duc-de-Bade (280 mètres de longueur sur sa face intérieure); un réduit central blindé coupant en deux le fort et des travaux en terre le prolongeant (hors ouvrage) de 200 mètres sur chacune des ailes.

Le fort Duc-de-Bade fait face au nord-nord-ouest, son flanc droit est plein nord. Des magasins de fascines et de gabions sont installés à l'abri de l'ouvrage. En avant du pentagone formé par les faces antérieures, la plaine descend en pente douce d'une vingtaine de mètres pour se relever bientôt par ondulations assez accusées à 3 kilomètres du fort, ondulations qui, à moins de 5 kilomètres, vers Dassenheim, permettent de prendre marge sur le fort Grand-Duc-de-Bade. Plus loin encore, positions très dominantes à portée de pièces de siège.

Le fort Grand-Duc-de-Bade est à 2 kilomètres à vol d'oiseau du fort Bismarck. La route stratégique se profile en arrière de la crête, soigneusement couverte, pour aboutir, après avoir traversé un grand ravin, au village de Mittelhausbergen et au fort Prince-Impérial n° 4. Celui-ci se dresse à 400 mètres environ en avant du village, à moins de 1,800 mètres de son voisin de gauche, Grand-Duc-de-Bade.

Les deux forts se ressemblent comme dimensions et dispositions prises. Je remarque, toutefois, que les ouvrages en terre qui prolongent à droite le *Prince-Impérial* sur un espace de 150 mètres, renferment sous leurs abris de gazon deux casemates maçonnées. La raison en est bien simple. Jusqu'ici le *Prince-Impérial* n'était pas couvert de ce côté par le fort de Roon n° 3, situé bien en arrière, en plaine et tourné vers le nord.

On s'occupe à la hâte de réparer ce grave oubli. Les Allemands, frappés de la faiblesse de leurs lignes de défense au nord-nord-ouest, à l'extrémité des hauteurs sur lesquelles sont élevés les forts d'Oberhausbergen et de Niederhausbergen, construisent un nouvel ouvrage non encore classé ni dénommé, près des villages de Mundolsheim et de Lampertheim, à 1,300 mètres à peine du fort Prince-Impérial n° 4 à 1,700 mètres du fort de Roon n° 3. Ajoutons que l'ouvrage en construction, que nous appellerons provisoirement fort n° 3 *bis,* cote 173 de la carte d'état-major français, est situé à 6 kilomètres à vol d'oiseau des fortifications de Strasbourg.

Un ruisseau d'une très faible largeur, le Souffel, contourne le mamelon servant de piédestal aux redoutes.

Après avoir traversé le village de Mundolsheim la route franchit le Souffel sur un ponceau et descend en inclinant vers l'est jusqu'à la voie du chemin de fer de Paris à Strasbourg, à 800 mètres de là. Nous avons pris ce chemin et non plus la route circulaire intérieure, afin de contourner entièrement le fort de Roon n° 3.

CHAPITRE V.

Cet ouvrage, à l'établissement imparfait duquel la construction du fort n° 3 *bis* doit remédier, s'élève dans le rectangle formé par le Souffel au nord, la voie ferrée de Paris à l'ouest, la route de Wissembourg à l'est et le chemin de Niederhausbergen à Souffelweyersheim au sud.

Le fort de Roon n° 3 est de moindre proportion que ceux d'Oberhausbergen et de Niederhausbergen. On compte 10 cavaliers très élevés sur les quatre faces extérieures de ce pentagone irrégulier. L'ouvrage est séparé en deux parties égales par une maçonnerie lourdement gazonnée.

Nous sommes à 5 kilomètres, à vol d'oiseau de Strasbourg, à 1,700 mètres du fort projeté de Mundolsheim, à moins de 3,000 mètres du fort n° 4 de Niederhausbergen. A plus faible distance encore, apparaissent au nord des hauteurs boisées. Quant aux flancs de l'ouvrage, ils ne se prolongent pas en épaulements extérieurs à cause des percées du chemin de fer et de la route Nationale. Le fort que nous apercevons maintenant sur notre droite est situé en arrière du village de Reichstett, à 2,500 mètres; c'est le fort de Moltke n° 2.

Le chemin franchissant la route de Wissembourg traverse le village de Souffelweyersheim, puis le canal de la Marne au Rhin sur un pont à écluse et rejoint la route de Bischwiller. C'est à 800 mètres plus loin, sur cette dernière voie, que s'élève le fort de Moltke. La route de Bischwiller a été légèrement détournée vers l'ouest pour permettre la construction de l'ouvrage qui la domine de quelques mètres. Le fort de Moltke est moins enterré que les autres ; on a voulu profiter de tout l'avantage de position offert par la faible ondulation de Reichstett en présence d'environs couverts de forêts. Nous sommes à 5 kilomètres des défenses de Strasbourg.

A 2,000 mètres sur la droite, court la route de Lauterbourg qui s'est séparée de celle de Bischwiller. Le fort de la Wantzenau n° 1, Fransecki, apparaît à 3 kilomètres, couvrant la rive gauche du Rhin. Cet ouvrage défend la route de Lauterbourg et la presqu'île formée par l'Ill, qui se jette dans le Rhin à 10 kilomètres de Strasbourg.

La série des forts que nous venons d'examiner protège le chemin de Kœnigshoffen à Soultz-les-Bains, la route de Paris par Saverne, la vieille route de Saverne, le chemin d'Hochfelden, la route de Wissembourg par Haguenau et la voie du chemin de fer de Strasbourg à Avricourt, les routes de Bischwiller et de Lauterbourg.

Revenons à notre point de départ, le fort de Wolfisheim, Bismarck n° 6. Si, sans entrer dans d'aussi longs détails techniques, nous descendons de l'ouest vers le sud, nous rencontrons d'abord à moins de 2 kilomètres le fort Prince-de-Saxe n° 7, construit près du village d'Holtzheim. C'est l'ouvrage qui a eu le plus de mésaventures. Il se dresse en effet sur un terrain presque mouvant. En partie protégé par le canal de la Bruche, il défend les routes de Mutzig et de Schlestadt et le chemin de fer de Molsheim. Enfin les forts de Thann n° 8 et Werder n° 9, construits près des villages de Graffenstadt et d'Illkirck complètent, au sud, la défense de la rive gauche du Rhin.

Quant à la rive droite du fleuve, si du pont de Kehl vous tracez au compas un demi-cercle de 3,600 mètres de rayon, vous rencontrez du nord au sud les forts d'Auenheim, de Neumuhl et de Sundheim. Auenheim est à 5 kilomètres de Strasbourg et à la même distance environ du fort de la Wantzenau. Neumuhl s'élève à moins de 4 kilomètres de la citadelle. Sundheim est éloigné d'environ 7,000 mètres du fort d'Illkirck.

Le camp retranché de Strasbourg a plus de 50 kilomètres de tour à vol d'oiseau. Sa plus grande largeur est de 13 kilomètres, de l'est à l'ouest de Neumuhl sur la rive droite du Rhin, à Wolfisheim sur la rive gauche, et sa plus grande longueur de 16 kilomètres du nord au sud, du fort de la Wantzenau à celui de Graffenstaden.

L'état-major allemand estime qu'un corps de 35,000 hommes suffirait pour défendre le camp retranché de Strasbourg, même contre une armée assez forte et assez nombreuse pour l'investir. Ce chiffre correspond, en effet, aux besoins généraux. On pourrait garnir la place, assurer le relèvement des garnisons des forts et avoir en main une armée de 18,000 hommes, toujours prête à se porter vers les points menacés. Le général Verdy du Vernois disait cependant, il y a peu de temps, dans le salon d'un fonctionnaire, que les défenses une fois complétées, plus de 40,000 hommes seraient nécessaires à Strasbourg.

Nous avons vu que les forts de l'ouest-nord-ouest étaient les plus rapprochés les uns des autres. Les secteurs de défense forment de ce côté des angles très aigus. Les plus larges secteurs sont ceux de Strasbourg, Wantzenau, Auenheim, et de Strasbourg Graffenstaden, Sundheim, traversés chacun par le Rhin. La nouvelle ligne directe de la gare de Strasbourg à Kehl, qui sera probablement ouverte en janvier 1880, économisera 5 kilomètres de parcours pour les trains venant de la ligne Avricourt. De cette façon les défenses intérieures seront contournées par une voie circulaire complète, indépendamment de la voie militaire des forts qu'on établirait en moins de quarante-huit heures. Joignez à cela des plaines immenses permettant aux armées de manœuvrer, une quarantaine de villages dont quelques-uns très importants, des voies de communication excellentes, les têtes de ligne des chemins d'Alsace et la certitude pour la garnison d'être renforcée, grâce aux chemins badois, avant tout investissement.

N'est-ce pas le cas de rappeler qu'au mois d'avril 1867 le général Ducrot, commandant la 6ᵉ division militaire, avait adressé au ministre de la guerre une note très importante sur la défense de Strasbourg, au moment où des bruits de guerre avec l'Allemagne commençaient à circuler? Il exposait que si la lutte venait à s'engager tout à coup, sans préparation, l'ennemi détacherait un ou deux corps, c'est-à-dire de 30,000 à 50,000 hommes, dans le but de renfermer la garnison de Strasbourg dans ses ouvrages, de s'emparer des villages qui forment les faubourgs de la ville et de rendre ainsi l'investissement complet.

Dans de telles conditions, un bombardement réussirait probablement et amènerait la prompte reddition d'une ville de 80,000 âmes.

« Il en serait tout autrement, ajoutait le général

Ducrot, si nous nous mettions en mesure d'occuper fortement tout d'abord les hauteurs d'Hausbergen, de Mundolsheim et la tête des principaux villages qui entourent la place et se relient avec elle par d'excellentes voies de communication concentriques. »

On se garda de donner suite aux rapports du général Ducrot, et c'est, en effet, avec 50,000 hommes, 108 pièces de campagne et 240 pièces de siège que le général de Werder vint mettre le siège devant Strasbourg.

Quelques jours après mes excursions autour du camp retranché, j'ai pu pénétrer un matin dans l'un des principaux forts allemands. On n'attend pas de moi que j'en fasse la description intérieure, ni même que je le nomme. Ce serait, d'ailleurs, mettre en péril un ami dévoué. Mais l'histoire est connue des Strasbourgeois, et je ne pouvais la passer sous silence. Le fait s'est produit plusieurs fois et n'a rien de bien extraordinaire. Il prouve, en tout cas, que nos voisins ne se gardent pas mieux que nous et que la population de Strasbourg est toujours prête à aider les Français dans leurs investigations.

Ma curiosité a été pleinement satisfaite. Je suis entré dans les chambrées prenant jour sur de véritables puits, où le soldat ne respire qu'un air méphitique, et j'ai arpenté les cours intérieures suant l'humidité en plein mois d'août. En sortant, j'ai été obséquieusement salué par un garde du génie et je suis remonté en voiture la poitrine quelque peu soulagée.

Je n'oublierai jamais la poignée de main que nous échangeâmes avec mon compagnon, quand nous nous sentîmes lancés à fond de train sur la route de Strasbourg.

CHAPITRE VI.

Le régime politique de l'Alsace-Lorraine depuis 1871. — Les opinions de M. de Bismarck en 1871. — Ses promesses. — Les *Kreissdirectors*. — Combien coûte l'administration? — Le nouveau système judiciaire. — Les cultes, la police, la gendarmerie. — Les règlements d'instruction publique. — Leurs effets. — L'Université de Strasbourg. — La bibliothèque. — Les conseils élus.

Comment l'Alsace-Lorraine a-t-elle été gouvernée depuis la signature du traité de Francfort? Il est d'autant plus nécessaire d'élucider cette question, que le régime de la dictature pure et simple ayant pris fin le 1ᵉʳ janvier 1874 et le régime de la dictature mitigée ayant fait place, le 1ᵉʳ octobre 1879, au stathoudérat autonome, les neuf années écoulées depuis la conquête appartiennent à l'histoire.

C'est le 9 juin 1871 que l'Alsace-Lorraine, déjà séparée de la France par le traité de Francfort, est devenue, sans avoir été consultée, pays d'empire. La loi portant cette date fixait que la constitution de l'empire allemand entrerait en vigueur en Alsace-Lorraine le 1ᵉʳ janvier 1873. Le gouvernement prussien s'est accordé un délai d'une année, et c'est seulement le 1ᵉʳ janvier 1874 que les pays conquis ont été représentés au Reichstag.

Pour se rendre compte des échecs sans nombre subis par l'administration allemande dans ses tentatives de germanisation, il suffira de se reporter aux débats qui eurent lieu au sein du Parlement allemand quand la loi de réunion à l'empire fut promulguée. M. de Bismarck affirmait alors que le régime nouvellement inauguré ne pouvait être que transitoire. L'Alsace-Lorraine, sous la domination française, avait été écrasée par la centralisation à outrance, il fallait lui faire goûter aussi vite que possible les bienfaits d'une large et complète autonomie. Le pays d'empire aurait sa constitution propre et sa diète particulière. En un mot, on promettait tout à l'Alsace-Lorraine. C'est alors qu'un parti très faible, il est vrai, mais remuant, se confia au chancelier de l'empire et plaida sous le nom d'autonomie les circonstances atténuantes.

Mais M. de Bismarck, au moment où il se déclarait l'avocat de l'Alsace-Lorraine, au moment où il promettait solennellement aux Chambres allemandes et aux délégués des populations de faire bénéficier les pays de la rive gauche du Rhin des institutions dont jouissent Bade, la Bavière, la Saxe, le Wurtemberg, espérait, comme l'empereur Guillaume, comme les souverains allemands, comme les publicistes d'outre-Rhin, que l'assimilation se ferait promptement une fois les mauvais éléments partis ou expulsés. Par mauvais éléments, M. de Bismarck entendait naturellement les amis de la France. 159,740 Alsaciens-Lorrains avaient opté pour la nationalité française. Ne pouvait-on espérer se concilier assez facilement ceux qui s'étaient vus contraints de rester dans le pays? Avec des mesures décisives, comme l'interdiction immédiate de la langue française et l'appel sous les drapeaux des conscrits alsaciens-lorrains, en élevant une muraille morale entre la France et les pays conquis par une surveillance constante de la frontière et la suppression de toute liberté de presse, on obtiendrait au moins l'indifférence et la passivité de populations fatiguées et désireuses de réparer les pertes subies pendant la guerre. De bons fonctionnaires dans tous les services, une police bien organisée, l'état de siège en permanence, c'était plus qu'il n'en fallait pour permettre à la Prusse de se départir, le 1ᵉʳ janvier 1873, de rigueurs devenues inutiles. On prendrait ses précautions, sans doute, mais on pourrait proclamer, à la face de l'Europe, sans crainte de démenti, que la réconciliation était faite entre les conquérants et les conquis. La force deviendrait le droit.

Malheureusement pour M. de Bismarck, le délai d'une année entre le 1er janvier 1873 et le 1er janvier 1874, délai demandé par les autorités, la préparation ne paraissant pas suffisante, n'amena aucune modification dans les sentiments de la population. Les citoyens qui avaient signifié devant l'Assemblée de Bordeaux, en 1871, à l'Allemagne et au monde, leur immuable volonté de rester Français, n'avaient pas changé. L'option enlevant aux pays du Rhin des milliers de patriotes, s'était à peine fait sentir. L'Alsace-Lorraine élisait le 2 février 1874 ses députés au Reichstag allemand. Elle donnait 192,633 suffrages aux candidats anti-allemands n'acceptant pas le traité de Francfort, 37,906 aux prétendus autonomistes alsaciens qui ne retrouvèrent plus cette fortune et 9,835 suffrages aux candidats allemands.

Ce fut dans toute l'Allemagne un cri de rage. Il fallut bien s'avouer que les frères *reconquis* n'avaient été ni vaincus par l'état de siège, ni gagnés par les promesses d'autonomie. Oh ! pour qui connaît l'orgueil germanique, quel soufflet ! L'Europe, qu'on espérait leurrer, allait savoir et connaître. En effet, la vaillante députation d'Alsace-Lorraine avait déposé, dès son entrée au Reichstag, la motion suivante :

« Plaise au Reichstag ordonner que l'Alsace et la Lorraine, qui, sans avoir été consultées, ont été annexées à l'Allemagne, soient appelées à se prononcer sur cette annexion. »

Les promesses étaient oubliées. Il s'agissait bien maintenant de donner à ces populations les mêmes droits qu'aux Allemands de la rive droite du Rhin. On ne s'occuperait que d'une chose : châtier les rebelles. C'est ainsi que la Constitution de l'empire fut appliquée en Alsace-Lorraine, mais qu'aucune Constitution particulière ne permit aux populations de discuter leurs intérêts propres. Encore y avait-il violation de la loi, même en ce qui concerne la Constitution de l'empire, puisque l'Alsace-Lorraine, représentée au Reichstag, ne l'était pas au Conseil fédéral allemand!

Le pouvoir gouvernemental, sans restrictions, appartenait à l'empereur, et le pouvoir législatif à l'empire. Il y avait mieux. Comme entendre les réclamations des députés d'Alsace-Lorraine au Reichstag pouvait devenir ennuyeux, l'empereur s'était fait donner le droit, en l'absence du Reichstag, d'édicter des lois, d'accord avec le Conseil fédéral où, comme je viens de le dire, l'Alsace-Lorraine n'était pas représentée.

M. de Bismarck, aidé par M. Herzog, présentement

premier ministre de M. de Manteuffel, concentrait les affaires à Berlin dans les bureaux de la chancellerie d'Alsace-Lorraine. Au-dessous de l'empereur et du chancelier, l'autorité gouvernementale était exercée par M. de Mœller, président supérieur résidant à Strasbourg.

Avant d'expliquer l'administration allemande dans ses détails, il convient de faire connaissance avec la députation d'Alsace-Lorraine au Reichstag. Elle a été élue en 1878, fournissant une fois de plus aux Allemands l'occasion de constater leur impopularité croissante. Ses quinze députés se divisent en deux groupes, celui des protestataires, composé de onze membres, celui des autonomistes qui compte quatre adhérents.

Les onze protestataires sont : MM. Jean Dolfus, élu par Mulhouse, doyen de la représentation, âgé de 80 ans; Kablé, élu par Strasbourg-ville, directeur de la compagnie d'assurance *le Phénix*, âgé de 55 ans; Heckmann-Stintzy, ancien notaire, élu par Schlestadt; Schmitt-Batiston, propriétaire à Reichvoch, élu par Haguenau-Wissembourg; Charles Grad, directeur de la filature de Lauterbach, élu par Colmar; Germain, propriétaire à Hommartin, élu par Sarrebourg; Jaunez, chef de la faïencerie de Sarreguemines où il est élu; Bezançon, ancien maire, élu de Metz; Winterer, curé de Mulhouse, élu à Thann; Guerber, curé de Haguenau, élu à Guebwiller et Simonis, aumônier du couvent de Niederbronn, élu par Sainte-Marie et Ribeauvillé.

Les autonomistes sont : MM. Auguste Schnéegans' élu à Saverne; North, directeur du Crédit foncier d'Alsace, élu par Strasbourg-campagne; Back, médecin et maire de Benfeld, élu par Molsheim; enfin, Lorette, notaire, élu par Thionville.

Le groupe des protestataires marche constamment d'accord. Nous verrons plus loin quelle détermination il a prise dans les questions du nouveau gouvernement d'Alsace-Lorraine. Revenons à M. de Mœller, ex-président supérieur, et à ses attributions.

Ce fonctionnaire, qui s'est acquis, je dois le reconnaître, quelques sympathies par la modération relative dont il a fait preuve dans l'exercice des pouvoirs dictatoriaux, n'avait en apparence que des attributions comparables à celles du gouverneur général de l'Algérie. Il était, en réalité, ministre universel irresponsable d'Alsace-Lorraine, sauf en ce qui concernait les affaires que se réservait la chancellerie. Or, le Reichstag n'avait pas le temps de s'occuper des affaires du pays d'empire et les membres du Conseil fédéral n'en connaissaient pas le premier mot. M. de Bismarck n'a-t-il pas dit : « Je souhaite que les gouvernements fédérés admettent dans le Conseil fédéral des membres alsaciens avec voix consultative; nous avons absolument besoin de leur présence, *si nous voulons nous mettre au courant des affaires d'Alsace[1]*. »

J'ajouterai que M. de Mœller avait le droit de se servir, quand il le jugeait opportun, de la loi française d'état de siège du 9 août 1849. Il trônait à la préfecture de Strasbourg, avec des appointements de 37,500 francs, augmentés de nombreux suppléments.

Le président supérieur était assisté d'une sorte de conseil d'État portant le nom de conseil impérial d'Alsace-Lorraine. Les six assesseurs émargeaient de 9,000 à 11,000 francs, suivant leur classe.

Au-dessous de M. de Mœller, dans l'ordre administratif, venaient les fonctionnaires nommés présidents de district. Ce rouage est maintenu comme tous ceux dont nous aurons encore à parler. Les présidents de district sont l'équivalent de nos préfets, avec ces deux différences essentielles, que les attributions des ministères peuvent leur être conférées et qu'ils n'exercent qu'une autorité nominale sur leurs subordonnés, les directeurs de cercles.

---

[1]. C'est probablement M. Auguste Schnéegans qui remplira ce rôle de maître d'école et d'initiateur.

L'institution des directeurs de cercles (*Kreissdirectors*) est la base de l'administration. Ces fonctionnaires, dont les attributions sont beaucoup plus larges que celles de nos sous-préfets, jouissent d'une liberté d'action qui tient en partie à la quasi-inamovibilité des places en Allemagne. Ils sont les principaux agents de la germanisation. On compte 22 cercles en Alsace-Lorraine, ainsi répartis : 8 en Basse-Alsace : Strasbourg (ville), Strasbourg (campagne), Haguenau, Erstein, Molsheim, Schlestadt, Wissembourg, Saverne ; 6 en Haute-Alsace : Colmar, Mulhouse, Thann, Guebwiller, Altkirck, Ribeauvillé ; 8 en Lorraine : Metz (ville), Metz (campagne), Thionville, Sarrebourg, Château-Salins, Boulay, Sarreguemines, Forbach. Les *Kreissdirectors*, quoique dépendant des présidents de districts et surtout du président supérieur, correspondent dans certains cas directement avec la chancellerie.

Notons en passant que l'administration des deux départements d'Alsace coûtait 66,000 fr. en 1869, et qu'elle en coûte aujourd'hui 390,000. Les appointements maximum du *Kreissdirector* sont de 9,750 francs, plus 3,750 francs de frais de voitures et 1,800 francs de frais de bureau personnels.

Il serait hors de saison en Alsace-Lorraine de parier de la manie de fonctionnarisme des Français. Il s'est abattu sur ces contrées une nuée d'employés de tous les services venus du fond de l'Allemagne. On écrase le budget de ces malheureuses provinces pour les faire vivre.

Je regrette d'avoir à traiter une matière aussi aride, mais j'ai voulu présenter un tableau fidèle des agissements de la Prusse en Alsace-Lorraine et ne laisser dans l'ombre aucun détail.

Le système judiciaire a été également modifié en Alsace-Lorraine, et dans de telles conditions qu'on me saura gré d'en étudier le mécanisme.

La cour de cassation est formée par une section de la haute cour de Leipzig. Dans tout le pays d'empire, il n'y a qu'une cour d'appel, celle de Colmar. Ceux qui se refusent à introduire dans la magistrature française les réformes que réclame si ardemment l'opinion feront bien de remarquer que la cour d'appel de Colmar, remplaçant deux anciennes cours françaises, Colmar et Metz, ne compte que *quatorze conseillers* et *deux* chambres. Avant l'annexion, celle de Colmar possédait, à elle seule, *vingt* conseillers et *trois* chambres.

En même temps qu'on augmentait le nombre des circonscriptions administratives, on diminuait celui des circonscriptions judiciaires. C'est ainsi qu'on supprimait *cinq* tribunaux de première instance sur onze.

Faut-il voir dans ces modifications des motifs d'économie? Non! L'Allemagne, au contraire, s'est avant tout préoccupée de créer pour ses magistrats des situations enviables. Elle n'a pas ménagé le budget de l'Alsace-Lorraine.

Nous voyons la magistrature coûter beaucoup plus cher aujourd'hui qu'avant 1870. La cour de Colmar revient à 216,000 francs au lieu de 188,000. Les tribunaux de première instance, réduits à six, coûtent 149,000 francs au lieu de 67,000.

L'*erster president* de Colmar reçoit 18,750 francs, ainsi que le *general procurator*. Les conseillers (*rathe*) ont un appointement de 7,875 francs. Les substituts (*staatsprocuratoren*) touchent 7,125 francs. Somme toute, l'administration de la justice coûte 2,250,000 francs à l'Alsace-Lorraine. Les jugements sont rendus suivant le droit français également en usage dans la Prusse rhénane et, avec quelques modifications, dans le duché de Bade.

Le même esprit pratique se retrouve dans toutes les parties du budget d'Alsace-Lorraine. On dépense 900,000 francs pour la police. Quant à la gendarmerie, elle figure à son chapitre pour un million, soit 200,000 francs de plus qu'en 1870, bien que le nombre des gendarmes ait été diminué de moitié. Un simple gendarme est payé 1,875 francs par an, sans compter les suppléments et les accessoires.

La dépense des cultes, qui revient en France à 1 fr. 33 par habitant, coûte 2 fr. 12 à chaque Alsacien-Lorrain. Les évêques ont 16,000 francs de traitement, les pasteurs-inspecteurs, 9,000, les grands rabbins, 5,000. Les émoluments des curés et des desservants augmentent proportionnellement par périodes d'ancienneté.

L'instruction publique, taxée en France à *un franc* par habitant, revient aux Alsaciens-Lorrains à *deux francs cinquante centimes.*

Il n'y aurait pas lieu de s'en plaindre, mais c'est surtout dans l'instruction publique que la dictature a marqué son passage. Jamais, chez aucun peuple et dans aucun pays, l'autorité ne s'est montrée plus savamment cruelle, plus ignorante des droits des administrés. Dès le 14 avril 1871, un commissaire allemand déclarait la langue germanique substituée à la langue française comme langue obligatoire d'enseignement. L'étude du français n'était plus tolérée que quatre heures par semaine dans les classes moyennes et supérieures. C'était draconien, mais admissible en droit. Que dire, au contraire, de l'ordonnance du président de la Basse-Alsace en date du 30 juin 1872, interdisant *complètement* l'enseignement du français?

Un cri de protestation s'éleva de toutes les poitrines. Le *Journal d'Alsace* osa plaider généreusement la cause que chacun sentait perdue d'avance. Il s'écria à la fin d'un article vibrant, ému, plein de faits et de preuves : « Dans toute l'Allemagne il est permis d'étudier l'allemand et le français; dans toute la France, d'apprendre le français et l'allemand. Pourquoi nous, Alsaciens, serions-nous obligés de rester en arrière de nos voisins d'outre-Rhin et d'outre-Vosges? Par quel forfait avons-nous mérité cette situation exceptionnelle entre deux nations voisines? Les vainqueurs pouvaient-ils mieux s'y prendre pour attiser dans les cœurs la haine et l'hostilité? »

La loi du 13 février 1873 a placé l'enseignement primaire et secondaire sous la surveillance immédiate de l'autorité.

L'autorisation de l'État n'est pas seulement nécessaire pour ouvrir une école ou exercer les fonctions de professeur, il la faut aussi pour prendre un maître quelconque dans une école. Pas un Français n'exerce aujourd'hui ces fonctions à part les quelques instituteurs primaires que leur zèle a permis de conserver.

Il a fallu pourvoir à la nomination immédiate d'instituteurs allemands, si bien que l'État, peu embarrassé, a intronisé maîtres d'école « des bûcherons, des aiguilleurs, des tisseurs », comme le disait l'abbé Winterer, député au Reichstag, dans la séance du 17 décembre 1874. Toute la bohème d'Allemagne s'est abattue sur l'Alsace-Lorraine. Ces maîtres, non pourvus de diplômes, ignorent absolument tout ce qu'ils ont mission d'enseigner, mais ils ne parlent qu'allemand, et c'est là le grand point.

« Tenez, me disait un ancien professeur, forcé de renoncer à ses leçons, on bannit la langue française avec une telle fureur, que l'enseignement au cachet par des maîtres indépendants est lui-même persécuté.

— Quel a été, demandai-je, l'effet produit par ces mesures vexatoires?

— Un effet, me répondit mon interlocuteur, auquel l'administration allemande était loin de s'attendre. Toutes les familles ont immédiatement envoyé leurs enfants s'instruire à Pont-à-Mousson, à Lunéville, à Nancy, à Belfort, à Bâle, à Zurich. Les Allemands ont eu la naïveté de croire que plus ils se montreraient germains, plus ce pays s'attacherait par souvenir à ses vieux usages. Ces gens-là sont avant tout maladroits. Ils ont beau s'ingénier, se déclarer moraux, amis de la liberté, policés, pleins de zèle pour les intérêts des populations, leur brutalité native ne perd jamais ses droits, leur rudesse se dénonce, leur lourdeur se fait sentir. Quand M. de Bismarck a dit : « Nous autres Allemands nous ne savons pas nous faire aimer! » il a prononcé un mot profond. Impossible d'aimer la domination prussienne! Demandez-le aux Polonais du duché de Posen!

— Mais leurs établissements d'instruction publique?

— Ils ont trois lycées et vingt et un collèges presque uniquement peuplés de fils de fonctionnaires et d'Allemands d'outre-Rhin. Ce service d'enseignement secondaire coûte 1,300,000 francs que payent les Alsaciens sans en profiter.

— Et l'université de Strasbourg?

— On l'a ressuscitée en grande pompe, essayant ainsi de renouer la tradition interrompue par la conquête française, la première université de Strasbourg ayant été créée par l'empereur Maximilien Ier, à la demande des bourgeois de la ville, en 1566. Vous avez dû remarquer hors des vieilles fortifications, sur les nouveaux terrains que l'État a octroyés à Strasbourg, en paiement d'un emprunt forcé, les immenses bâtiments qu'on réserve aux étudiants.

— S'il en vient?

— Oh! nous avons des étudiants, mais d'outre-Rhin. L'empereur Guillaume a conféré une belle charte de fondation à l'université, lui donnant le droit de régler ses propres affaires et de nommer son recteur et ses doyens. Il lui a même rendu son ancien sceau avec la devise *Sigillum academiæ argentinensis*. Les jeunes gens d'Alsace-Lorraine continuent à bouder Maximilien et Guillaume. Sur *sept cents* étudiants, *cent* appartiennent à nos provinces. C'est un chiffre dérisoire, mais attendez. Ces Alsaciens-Lorrains sont des apprentis en théologie protestante et des aspirants pharmaciens. A peine quelques étudiants en médecine.

— Et le personnel enseignant ?

— J'avoue que, de ce côté, il n'y a pas à se plaindre. L'université compte *quatre-vingts professeurs*, c'est-à-dire un par *huit* élèves, répartis en cinq Facultés : philosophie, droit, médecine, théologie, sciences naturelles et mathématiques.

— Combien tout cela coûte-t-il ?

— La modeste somme de *douze cent mille francs par an !*

Lancé sur un pareil chapitre, un professeur ne s'arrête plus. Mon compagnon me donna la nomenclature sans fin des cours professés à l'université [1] et

---

[1]. Théologie, 7 cours ; droit 14, parmi lesquels ceux d'économie politique, de finance et de statistique ; médecine, 27 ; philosophie, 23, parmi lesquels un cours d'histoire de la musique ; mathématiques et sciences naturelles, 17.

me fit un parallèle des institutions d'enseignement françaises et allemandes, tout à l'avantage de ces dernières. De ce côté, nous sommes devancés et de très loin. On peut citer comme un modèle à imiter l'organisation de la bibliothèque publique de Strasbourg. Tout citoyen dépose une demande écrite dans une boîte spéciale et le lendemain prend possession des volumes qu'il a désignés et les emporte chez lui, à l'unique condition de ne pas les garder plus d'un mois. Trente-cinq mille volumes environ sont sortis de cette manière de la bibliothèque de Strasbourg pendant l'année qui vient de s'écouler.

Quelle histoire dramatique que celle des persécutions subies par les établissements libres d'instruction publique dans les premiers temps de la conquête ! C'est un martyrologe tout à l'honneur des vaillants professeurs qui ont préféré fermer leurs institutions que de se soumettre aux exigences de la dictature.

« Quant aux taquineries auxquelles la population est en butte, poursuivait mon compagnon, il me suffira de vous citer ce fait incroyable, que l'état civil allemand refuse de donner aux enfants les prénoms qui ne figurent pas au calendrier germanique. Ils ont ressuscité pour la circonstance une vieille loi de la période révolutionnaire française. Croyez-vous que ce soit encore là un moyen de se faire aimer ? La langue française n'est tolérée que dans les bureaux des percepteurs. Si vous demandez à un employé des postes l'heure des levées, il vous répond qu'il ne comprend pas le français ; mais, vous pouvez hardiment dire au percepteur de votre localité : Monsieur, voici mes contributions, délivrez-moi une quittance en langue française, car je ne sais pas l'allemand. L'employé vous obéira sans murmurer. L'argent inspire à nos vainqueurs un respect visible. Il n'y a pas de moyens que l'administration ne mette en usage pour s'en procurer ; c'est ainsi qu'en vertu d'un contrat spécial l'éditeur des livres classiques paye à l'administration *soixante centimes* par volume acheté chez lui par les élèves des établissements d'instruction secondaire ou primaire.

Je me suis attardé dans les détails de l'administration des provinces conquises, mais je crois avoir fait comprendre son véritable caractère.

Il convient de parler maintenant des droits des citoyens en face des administrateurs. On est toujours contraint, même en pleine dictature, de demander les subsides à ceux qui ont qualité pour les voter. En effet, il y a en Alsace-Lorraine des conseils d'arrondissement, des conseils généraux et une délégation des conseils généraux (devenue actuellement Chambre alsacienne-lorraine). Mais ces assemblées n'ont que des attributions financières, sans droit d'initiative [1] et sans publicité des séances. La nécessité de prêter serment à l'empereur a éloigné des conseils généraux et des conseils d'arrondissement tous les protestataires. On n'y rencontre que des autonomistes et quelques indifférents. Il est toutefois à remarquer qu'aucun Allemand d'origine n'y a pénétré jusqu'ici.

1. On verra plus loin que la délégation alsacienne jouit depuis un mois du droit d'initiative.

CHAPITRE VII.

Le système employé vis-à-vis de la presse. — La dictature. — Le *Journal d'Alsace*, M. Schnéegans. — La *Gazette de Strasbourg*. — Les *Neueste Nachrichten*, l'*Elsaessisches Volksblatt*. — L'*Industriel alsacien*, l'*Express*. — Les journaux de Lorraine : Le *Courrier*, le *Metzer Zeitung*, le *Vœu national*, le *Moniteur de la Moselle*. — Les journaux de cercles. — Ce qui est permis et ce qui est défendu. — La censure vis-à-vis des feuilles françaises : comment elle s'exerce. — Les fausses correspondances. — Les sous-préfets courtiers d'assurances. — L'opinion des paysans.

Il ne faut pas croire que le régime allemand soit très goûté même des écrivains qui consentent à passer tous les jours au bureau de l'inspiration. J'ai rencontré dans les grandes villes quelques journalistes attendant le 1er octobre et l'ère des réformes comme les Hébreux attendaient la manne dans le désert. Ils avouaient que le système inauguré en 1874 était devenu absolument odieux aux populations. Avec l'autonomie seule, une autonomie bien comprise, on pouvait espérer ramener à de meilleurs sentiments les Alsaciens-Lorrains.

La première idée d'un Français, auquel on raconte un de ces abus de pouvoir si fréquents que la liste en serait trop longue, est de s'écrier :

« Mais pourquoi ne pas dévoiler ces faits odieux ? Nous ne savons rien en France de ce qui se passe ici. Faites-nous connaître ce qui nous intéresse. Il y aura grand profit à cela pour vous et pour nous. »

La réponse est bien facile à faire, d'autant plus facile qu'elle me permet d'étudier une question qui me tient toujours au cœur, celle de la presse.

Si l'opinion publique n'a aucun moyen de se faire jour, en Alsace-Lorraine, dans la délégation (Chambre alsacienne) ou dans les conseils de districts et de cercles, si la chancellerie de Berlin et les administrateurs exercent, à peu près sans contrôle, le pouvoir dictatorial, aucune discussion des intérêts propres du pays d'empire ne saurait non plus se produire par la voie de la presse.

L'article 10 de la loi d'organisation conférait au président supérieur[1] les pouvoirs de la loi française d'état de siège de 1849.

M. de Mœller s'en est surtout servi pour priver l'Alsace-Lorraine des droits dont jouissent les autres États de l'empire, en matière de presse.

---

1. Rien n'est changé à cet égard depuis le 1ᵉʳ octobre, date de l'arrivée du feld-maréchal de Manteuffel.

CHAPITRE VII.

Cette dictature s'exerce de trois façons. Elle maintient à l'état atone la presse locale, sous peine de suppression sans phrases (ce qui est arrivé à l'*Industriel alsacien*); elle empêche par refus d'autorisation la création de nouveaux organes; enfin, elle organise sur toutes les frontières une censure préalable des feuilles étrangères ou allemandes. Impossibilité pour les Alsaciens-Lorrains de savoir par leurs feuilles locales ce qui se passe chez eux; silence complet, dans ces provinces, sur les polémiques que leur situation entraîne entre feuilles étrangères.

Les journaux existants sont, à Strasbourg :

Le *Journal d'Alsace*, rédigé en deux langues. C'est l'ancien *Courrier du Bas-Rhin*, d'avant 1870. Le directeur est M. Fischbach fils, avocat, assez embarrassé de son attitude. Ce serait un protestataire calme, du moins j'ose l'espérer, si la chose était possible. C'est un *autonomiste* peu fougueux, sans doute parce que l'intérêt de sa propriété l'exige. Si personnellement M. Fischbach n'est pas un admirateur de M. de Bismarck, le rédacteur en chef du *Journal d'Alsace*, M. Auguste Schnéegans, se charge d'imprimer à cette feuille les plus franches allures *allemandes*.

Pauvre homme et vilain caractère que cet ex-député à Bordeaux, aujourd'hui conseiller du ministère Herzog, cet ancien rédacteur du journal de Lyon essayant en 1872 de se faire nommer administrateur de Belfort par M. Thiers et qui, devenu l'âme damnée de M. de Bismarck, sera demain représentant de l'Alsace-Lorraine au Conseil fédéral. Ai-je besoin de dire que ce personnage est universellement honni? Le *Journal d'Alsace* est d'ailleurs très bien fait. Il contient toutes les nouvelles intéressant le pays d'empire, et se tient au courant de la politique générale européenne.

La *Gazette de Strasbourg* est rédigée par des écrivains allemands, absolument anonymes. La politique est naturellement prussienne, anti-française, dictatoriale. Elle a été longtemps officielle et n'est plus qu'agréable.

Les *Neueste Nachrichten* (Dernières Nouvelles), feuille populaire non politique, rédigée par des Allemands, paraissent également tous les jours. Cette gazette, qui vit de scandales locaux, coûte 60 centimes par mois, 1 fr. 25 par trimestre, portée à domicile. Elle passe pour être hostile à l'administration.

Strasbourg possède enfin une feuille hebdomadaire, *Elsaessisches Volksblatt*, Journal du Peuple, démocratique, fondé autrefois à Mulhouse et transféré en 1869, à Strasbourg. Cet organe fait de l'opposition dans la mesure du possible. Il est protestataire, ayant soutenu la candidature de M. Kablé et inséré tout récemment l'appel aux électeurs municipaux des députés de la protestation.

A Mulhouse, le dernier journal entièrement rédigé en français a été l'*Industriel alsacien*. Son ex-rédacteur en chef, M. Longchamps, dirige actuellement la *France du Nord*. L'*Industriel* a été remplacé par l'*Express*, rédigé dans les deux langues, absolument incolore au point de vue des choses d'Alsace, ni protestataire ni autonomiste, et pour ainsi dire non politique.

En Lorraine, nous rencontrons, à Metz : le *Courrier*, rédigé en allemand, officieux ; le *Metzer Zeitung*, à peu près de même nuance ; le *Vœu national*, journal catholique rédigé en français, à tendances d'opposition protestataire, et le *Moniteur de la Moselle*, également français, mais plus franchement anti-allemand.

A part ces principaux organes, l'Alsace-Lorraine compte dans les chefs-lieux de cercles un assez grand nombre de petites feuilles officielles rédigées en allemand, appartenant en propre aux pachas qu'on appelle les *kreiss directors*. Les énumérer serait leur faire trop d'honneur. La plupart d'entre elles ne vent d'ailleurs que l'espace d'un matin ou se transforment en simples feuilles d'avis, après constatation de leur impuissance.

Remarquons que M. de Mœller n'a pas eu besoin pour dominer la presse d'installer une censure préalable. C'eût été une précaution inutile. Les directeurs de journaux savent qu'ils ne sont séparés de la suppression que par une simple ligne d'une largeur tout à fait inappréciable. Cela suffit. On use aussi de l'avertissement officieux.

La vente au numéro des feuilles publiques est interdite sur la voie publique. On ne peut même pas déployer et lire un journal quelconque sur la terrasse extérieure d'un café sans exposer le propriétaire à un procès-verbal suivi d'amende.

« Voilà pour la presse locale, me disait un homme politique dont j'avais sollicité les avis ; cela suffit pour lui enlever toute autorité sur le public, toute direction de l'opinion, toute possibilité d'exister sans l'aveu et le consentement de l'administration. Quelques-uns de nos journaux sont bien faits, en ce sens qu'ils parlent de tout, excepté cependant des affaires d'Alsace-Lorraine ; mais ils ont pris le parti, ceux du moins qu'un reste de pudeur retient au rivage, de ne s'occuper en rien des questions brûlantes qui seules nous intéressent. Le gouvernement ne semble pas, en somme, désirer autre chose. Nos écrivains peuvent parler avec une certaine liberté de la politique allemande au point de vue du groupement des partis dans l'empire. On leur permet la critique même acerbe. Pour un rien, on les subventionnerait s'ils consentaient à discuter froidement, tous les jours, les affaires prussiennes, en braves Allemands. Un seul sujet est réservé, une seule question interdite, un seul terrain dangereux : *l'alsacianisme*. Il faut bon gré, mal gré que l'Alsacien-Lorrain soit privé de la connaissance de ses propres affaires.

— Je m'aperçois bien, tous les jours, répondis-je, de cette habitude des feuilles strasbourgeoises. Elles tendent à devenir des organes de politique générale, neutres dans les questions franco-allemandes, mais bien placés pour connaître les nouvelles et créer des centres d'informations internationales à l'exemple de certains journaux de Francfort, de Bruxelles ou de Vienne. Toutefois, s'il est fâcheux pour les Alsaciens-Lorrains de ne pas posséder de feuilles locales proprement dites, ils ne sont pas privés des nouvelles qui les intéressent, puisque les journaux allemands ou français pénètrent ici, sont assez répandus et ne se gênent pas à l'occasion pour traiter les questions alsaciennes-lorraines. Il me semble, au contraire, que si M. de Bismarck a prescrit à ses fonctionnaires cette sévérité vis-à-vis de la presse locale, c'est qu'il a voulu laisser ignorer aux étrangers et surtout aux Français ce que vous faites, ce que vous devenez.

— Ah! que vous connaissez peu le chancelier de l'empire. C'est nous seuls qu'il vise et non l'étranger. Que lui importent les jugements portés à Paris ou à Berlin sur les mœurs de l'administration allemande en Alsace-Lorraine? La censure exercée sur les feuilles du dehors n'équivaut-elle pas à une suppression? Si les journaux ne contiennent rien de répréhensible, ils franchissent la frontière; sinon, ils ne sont pas distribués. Les feuilles françaises du soir partent de Paris par le train de huit heures et arrivent le lendemain matin à Strasbourg. Le *Temps*, qui est seul affranchi de la censure, est distribué à Strasbourg vers dix heures et demie. Les autres journaux, retenus et examinés à la présidence supérieure, n'arrivent à leur adresse que six ou sept heures plus tard. Tout article sur l'Alsace-Lorraine, toute déclaration nettement républicaine, toute critique de la politique bismarckienne entraînent la suppression du numéro.

— Je m'explique pourquoi les journaux français sont relativement si peu répandus en Alsace-Lorraine.

— N'en cherchez la cause que là. Les abonnés sont pleins de bonne volonté, mais à la fin ils se lassent. Ne pouvant suivre leur feuilleton, enclins à supposer que les numéros supprimés sont précisément ceux qu'ils liraient avec le plus de plaisir, ils y renoncent. Pour quelques feuilles, parmi lesquelles je citerai l'*Événement,* le *XIX⁰ Siècle,* la *France,* le *Soleil,* le *Petit Journal,* la suppression est si fréquente qu'on ne peut guère compter que sur la moitié des numéros parus.

— Cette censure fonctionne-t-elle dans les cercles de langue française, à Metz, par exemple, comme en Alsace ?

— Plus sévèrement encore. A Strasbourg, nous sommes les mieux partagés et la population aisée lit beaucoup de journaux français. Mais à Metz, à Colmar, à Mulhouse, pendant qu'on distribue le *Temps* aussitôt après son arrivée, les ballots contenant les autres feuilles partent pour Strasbourg afin d'y être censurées dans les bureaux de la présidence supérieure. On ne lit le *Petit Journal,* l'*Événement,* le *XIX⁰ Siècle,* le *Soleil,* la grande et la *Petite République française,* la *France,* à Metz que trente-six heures après qu'ils ont paru, à leur retour de la capitale alsacienne. Les nouvelles n'arrivent donc que par les feuilles allemandes. C'est le but que poursuit la chancellerie de Berlin. Elle a voulu élever entre la France et l'Alsace-Lorraine une barrière assez haute pour empêcher les populations sœurs de se tendre la main. Elle s'est même nourrie de l'espoir que les journaux français trouveraient un intérêt de propagande à ne plus parler des faits d'outre-Moselle ; étrange chimère. Ainsi s'est opérée une séparation de vues nuisible à tous égards aux intérêts français et qui serait dangereuse pour l'Alsace-Lorraine, si les populations ne continuaient à lutter pied à pied, même sur ce terrain difficile, avec l'administration dictatoriale.

— Que faire cependant contre une pareille prohibition ? Comment se tendre la main par-dessus cette muraille de la Chine ?

— Vous m'en demandez trop long. Sachez seulement que pas un article intéressant nos provinces ne paraît dans une feuille française, sans que la plus petite ville d'Alsace-Lorraine, le plus petit cercle de citoyens unis par les liens du patriotisme, en ait connaissance. La poste allemande a bien son cabinet noir [1], mais elle ne saurait ouvrir toutes les lettres à destination d'Alsace-Lorraine, et d'ailleurs nous touchons aux frontières badoise, bava-

---

1. L'auteur en sait quelque chose.

roise, prussienne, et, la censure n'existant pas dans les autres états confédérés, les journaux saisis à Strasbourg circulent à Kehl, à Sarrelouis, à Landau, à Trèves. Vous savez aussi bien que moi comment les lois les plus draconiennes finissent toujours par être tournées.

— C'est vrai! Patientez, en tous cas; n'affirme-t-on pas, dans les cercles allemands, que d'ici à quelques jours la censure sera supprimée par le feld-maréchal de Manteuffel, le nouveau statthalter, comme don de joyeux avènement?

— Oui! On ajoute même que le refus injustifiable en droit d'accorder de nouvelles autorisations de journaux sera levé. Plusieurs feuilles ont déjà leurs capitaux faits et leur rédaction prête; mais, à vrai dire, je n'y crois pas.

— La dictature continuerait donc à sévir sous un autre nom?

— Plus sévère peut-être, à cause de son caractère militaire [1].

— Je comprends que les républicains d'Alsace-Lorraine, dont j'ai vu la députation à Bordeaux, n'aient pas lieu de se féliciter d'un pareil régime,

---

1. Mon ami avait raison. Le feld-maréchal de Manteuffel a maintenu la censure et le refus d'autorisation de nouvelles feuilles.

et je doute que sa continuation gagne beaucoup d'adhérents à la politique de M. de Bismarck dans la Vénétie des bords du Rhin.

— En attendant, grâce à la presse vénale, les fables les plus grossières sont incessamment propagées. M. de Bismarck est passé maître dans l'art de les faire circuler. Elles arrivent jusqu'à nous par le système des reproductions de feuilles allemandes. Le gouvernement se sert le plus souvent des organes à sa dévotion pour y faire insérer de prétendues correspondances d'Alsace-Lorraine, déjà publiées dans les feuilles d'Allemagne. Quand on voit, par exemple, les agences signaler un article de la *Gazette de Magdebourg* reproduit par le *Journal d'Alsace*, et dans lequel on parle des bienfaits de l'organisation nouvelle, il convient de savoir que le correspondant strasbourgeois de la *Gazette de Magdebourg* n'est autre que M. Schnéegans, qui se reproduit ensuite lui-même et commente ses propres nouvelles.

« Comment démentirions-nous les infamies que la presse berlinoise lance, à chaque instant, dans la circulation ? Nous ne pouvons que nous taire et laisser dire. Une chose nous étonne, cependant, et nous afflige : c'est que les agences françaises se laissent prendre à des pièges aussi grossiers et prêtent indirectement leur publicité au chancelier de l'empire.

— J'essaierai de dénoncer ces faits, à mon retour en France.

— Ils ont été flétris en Allemagne même par les vrais libéraux. Remarquez que les feuilles publiées de l'autre côté du Rhin ne sont pas à l'abri de dame censure. Les feuilles d'opposition sont soumises au même embargo. La *Gazette de Francfort* est interdite en Alsace-Lorraine [1]. »

Je m'étais proposé de me renseigner sur les abus de tous genres dont se rend coupable l'administration d'Alsace-Lorraine, mais je ne m'attendais pas, je l'avoue, à trouver au milieu de ces recherches des violations de droit comparables à celles qui m'ont été signalées, même dans le domaine purement industriel et privé. C'est pourquoi, je ne passerai pas sous silence la question dite des *assurances*, qui a fait tant de bruit en Alsace et dont personne n'a parlé à Paris.

Les compagnies d'assurances françaises existant au moment de la signature du traité de Francfort avaient toutes des agences générales en Alsace-Lorraine et y opéraient comme dans les autres régions

---

[1]. Cet interdit a été levé le 20 novembre.

du territoire français, en libre concurrence. L'annexion faite, les compagnies devenaient étrangères et se trouvaient logiquement obligées, pour continuer à fonctionner régulièrement, à se soumettre aux conditions exigées par les autorités allemandes ; c'est-à-dire, à la nomination d'un représentant responsable, à l'élection de domicile, à la communication des comptes rendus annuels.

Rien ne pouvait s'opposer à la libre exploitation de cette industrie. Le traité de Francfort ne plaçait-il pas la France au point de vue commercial sur le pied de la nation la plus favorisée ? Les contestations judiciaires étaient réglées par la convention franco-badoise du 16 avril 1846. Quant aux assurances de bâtiments communaux, les compagnies étaient couvertes par la loi du 24 juillet 1867 [1].

Par un arrêté du président supérieur, M. de Mœller, il avait, du reste, été décidé que rien n'entraverait les opérations des compagnies d'assurances étrangères, dans le pays d'empire, si elles se conformaient aux conditions dont je viens de parler.

Cependant, l'administration commença, dès 1875, une guerre acharnée contre les compagnies d'assu-

---

1. Art. 1er. — Les conseils municipaux règlent par leurs délibérations « les assurances des bâtiments communaux ».

rances françaises. Le *kreiss-director* de Strasbourg-campagne écrivit, le 11 décembre de cette année, au maire de Vendenheim, qu'il refuserait d'approuver les traités passés avec les compagnies françaises l'*Union*, la *France* et la *Nationale*. Non content de porter cette atteinte à la liberté commerciale, ce fonctionnaire changé en courtier recommandait l'une des quatre compagnies allemandes suivantes : Magdebourg, Munich, Cologne et Gotha. Il donnait l'adresse des agents de ces administrations et se chargeait (sans doute moyennant une prime) des démarches nécessaires.

Nous sommes, on le voit, en plein duché de Gérolstein. On croit, peut-être, que ce sous-préfet qui viole à la fois le traité de Francfort, la convention badoise, le droit commercial, a été prié par le président supérieur d'aller chercher une place dans l'une des quatre compagnies qu'il patronnait. Point. Le président supérieur se borna à assurer, le 28 avril 1876, aux agents des compagnies françaises, que le fait ne se renouvellerait plus.

Mais, je l'ai déjà fait comprendre, un *kreiss-director* est un pacha qui se moque ouvertement de la loi d'abord, des représentations de ses supérieurs ensuite. *Quinze jours après* l'admonestation de M. de Mœller, le 16 mai, notre sous-préfet recommandait au maire de Kriegsheim de s'assurer soit à la compagnie de Munich, soit à celle de Magdebourg.

Le président supérieur en vint bientôt lui-même à rédiger une instruction relative *à la plus grande solvabilité des compagnies allemandes que des compagnies françaises*. On croit rêver quand on lit ce singulier document. Alors la lutte commence, acharnée, entre tous les fonctionnaires et les compagnies françaises. Le chantage s'en mêle. Par une lettre du 26 août 1878, le président de Lorraine annonce au maire de Phalsbourg qu'on ne lui délivrera la subvention qui lui a été accordée pour la construction d'une maison d'école que si la commune de Phalsbourg s'engage à ne plus faire assurer ses bâtiments communaux par des compagnies françaises.

Les villes et les communes rurales maintiennent leurs droits. Alors les percepteurs refusent de payer les mandats délivrés par les maires pour solder les primes d'assurances contractées avec les compagnies étrangères. Toute décence est mise de côté. Les agents des compagnies allemandes entreprennent des tournées munis de lettres impératives de recommandation, signées par les fonctionnaires. Des prospectus financiers sont rédigés par des *kreiss-directors* et les agents des ponts et chaussées deviennent assureurs.

Voilà la morale administrative allemande ! La question est venue en discussion le 14 mars 1879, au sein de la délégation de l'Alsace-Lorraine. Celle-ci a voté, sur le rapport d'un de ses bureaux, le renvoi au gouvernement d'une pétition des agents des compagnies d'assurances françaises. Mais, comme de juste, l'abus n'a pas cessé.

On avait cependant entendu les autonomistes les plus gagnés à l'administration allemande flétrir les procédés que je viens de passer en revue. M. Klein lui-même ne s'était pas fait faute de démontrer qu'il y avait violation de la convention additionnelle du traité de Francfort, ainsi conçue :

« Il est également convenu que les dispositions de la *convention franco-badoise du 16 avril 1846 sur l'exécution des jugements,* du traité d'extradition conclu entre la Prusse et la France le 21 juillet 1845 et de la convention franco-bavaroise du 24 mars 1865 sur la garantie réciproque de la propriété des œuvres d'esprit et d'art seront provisoirement étendues à l'Alsace-Lorraine, et que, dans les matières auxquelles ils se rattachent, ces trois arrangements serviront de règle pour les rapports entre les territoires cédés et la France. »

On voit que partout on rencontre le même manque de dignité chez les fonctionnaires, le même arbitraire, un parti pris de compression hypocrite par les moyens permis ou défendus.

J'ai cité ces faits, j'aurais pu en choisir d'autres. La place me manquerait, si je voulais relever les abus dont j'ai été témoin.

Qu'on se représente le sort du paysan livré pieds et poings liés à cet autoritarisme corrupteur. Il obéit quand il est las de résister; mais croit-on qu'il soit gagné à l'Allemagne? Non! Il garde dans son cœur le souvenir des anciens jours, et s'il ne possède aucun moyen d'afficher publiquement ses sympathies, parce qu'un signe de rébellion serait pour lui la ruine, et pour sa famille la misère, il est libre autour de son foyer. Quand l'Allemand entre dans la cuisine d'une ferme où le soir se trouvent réunis maîtres et valets, père et fils, ménagères et servantes, il remarque avec rage que la conversation cesse tout à coup. On parle d'autre chose, mais, lui parti, comme on se reprend à évoquer les souvenirs d'autrefois!

Je m'entretenais, un jour, sur ce sujet, avec un habitant de Molsheim. « On peut dire, m'expliquait-il, que dans nos villages la langue française se perd tandis qu'elle se conserve et s'acclimate même, de plus en plus, dans les villes importantes. La raison en est bien simple. Les enfants ne peuvent apprendre le français puisqu'on ne l'enseigne pas dans les écoles, et les parents ne le savent pas assez eux-mêmes pour le parler. Encore y a-t-il de notables exceptions à la règle. Il suffit quelquefois qu'un bourgeois aisé, un riche fermier, un militaire retraité habitent un village pour que l'allemand soit tenu à distance.

— Mais, demandais-je, une fois la langue française perdue dans un village, l'administration ne fait-elle pas ce qu'elle veut du paysan? Ne devient-il pas, par la force des choses, un Allemand d'Allemagne?

— Ah! monsieur, la langue n'y fait rien, voyez-vous? Il y a des villages collés à la chaîne des Vosges où on ne parle que français et dont les habitants sont infiniment plus gagnés à l'administration que ceux des villages de la Basse-Alsace où on ne parle que le patois allemand. Est-ce que nos villageois parlaient français en 1792? cela les a-t-il empêchés de faire héroïquement leur devoir ?

— Cependant, voyez, les campagnes ont nommé aux environs de Strasbourg, à Saverne, à Benfeld, à Thionville, des députés autonomistes, MM. North, Schnéegans, Back et Lorette.

— Nos paysans, monsieur, *s'alsacianisent*, mais ne se germanisent pas. La chose serait trop longue à expliquer, mais elle se comprend d'elle-même. Ils n'ont plus aucun rapport direct avec la France ; mais,

8.

s'ils acceptent, ne pouvant l'empêcher, la situation qui leur est faite, s'ils ne se sentent pas assez forts pour entrer en guerre contre des fonctionnaires armés de toutes pièces, ils n'entendent avoir aucun rapport non plus avec la terre d'outre-Rhin. Ce fleuve est une barrière que leur imagination lourde ne saurait franchir. Comment voulez-vous qu'ils tournent les yeux vers la Baltique, que Berlin cachée dans les brouillards à vingt-quatre heures de chemin de fer devienne leur métropole ? Leurs regards se dirigent vers la haute flèche de la cathédrale de Strasbourg. Jamais nos recrues ne reviennent changés après leurs trois années de service. Alsaciens ils sont partis, Alsaciens ils sont restés.

— L'administration a donc tort de les considérer comme absolument acquis ?

— Sans doute ! Et puisque vous me parlez d'élections, laissez-moi vous dire que c'est précisément en se couvrant d'un drapeau qui n'était pas le leur que les députés dont vous m'avez cité les noms ont triomphé. Je voudrais voir le gouvernement présenter des Allemands d'outre-Rhin dans nos campagnes. C'est ce qu'il ne manquerait pas de faire s'il supposait un instant la victoire possible. Souvenez-vous de ce qu'un habitant de la plaine d'Alsace vous prédit aujourd'hui : Jamais un Allemand ou un Alsacien qui affichera son dévouement à la cause allemande ne réunira dans nos pays la majorité des suffrages. Voilà comment l'Alsace se germanise ! Dites-le bien à nos amis de France. »

CHAPITRE VIII.

Les préparatifs de fêtes. — L'armée d'occupation. — Son cadre et ses effectifs. — Projets nouveaux. — Une manœuvre de brigade au polygone de Strasbourg.

Pendant que je consacrais la plus grande partie de mes journées à étudier dans tous ses détails l'administration de l'Alsace-Lorraine, Strasbourg était successivement envahi par les régiments qui devaient prendre part aux manœuvres de brigades, de divisions et de corps d'armée. A la date du 4 septembre, les casernes contenaient plus de 10,000 hommes. Les habitants avaient été prévenus qu'ils auraient à loger prochainement de nouvelles troupes.

Tous les matins quelques bataillons poudreux entraient en ville, musique en tête, et grossissaient l'ensemble des forces que l'empereur Guillaume devait passer en revue le 19 septembre. L'arrivée du vieux souverain était en effet annoncée pour le 18 à trois heures de l'après-midi. Les fonctionnaires commençaient à agiter la question des drapeaux et

CHAPITRE VIII.

des arcs de triomphe. Ce n'était pas pour eux une mince affaire que d'organiser, sans le concours de la population, une représentation de gala au théâtre, une retraite aux flambeaux avec toutes les musiques de la garnison, une illumination aux feux de Bengale de la haute tour de la cathédrale, un banquet municipal, un défilé de paysans enthousiastes dans les costumes du moyen âge, l'aller et le retour en grande pompe vers l'Hippodrome de Kœnigshoffen le 19, jour de la grande revue.

Les manœuvres de corps d'armée avec un ennemi marqué et division contre division devaient commencer à partir du 20 septembre. Aussi les états-majors procédaient-ils avec une ardeur extraordinaire aux manœuvres préparatoires. Tous les matins avaient lieu, de six heures à onze heures, au polygone, les manœuvres de brigade.

Le polygone, situé à trois kilomètres de la ville, au delà du joli village de Neudorff, est un champ de manœuvres très bien disposé, divisé en deux parties d'inégale importance, séparées par une rangée de buttes assez élevées. Deux brigades opposées l'une à l'autre peuvent facilement, sur un pareil terrain, simuler sans trop d'invraisemblances, une opération de guerre, surtout, ce qui est ici le cas, quand la défense, concentrée sur les buttes du polygone, laisse à l'attaque les trois quarts de la superficie de ce champ de bataille improvisé.

L'autorité militaire se préoccupant fort peu des convenances des habitants, dès cinq heures du matin les musiques et les fanfares retentissent d'un bout à l'autre de la ville. Les troupes se dirigent au pas de route cadencé, sous la conduite de leurs sous-officiers, vers leurs emplacements de manœuvre, par la citadelle et les portes de l'Hôpital et d'Austerlitz (lisez aujourd'hui Metzger-Thor ou porte des Bouchers). Il serait temps, je crois, avant de suivre ces régiments au polygone, de dire quelques mots de l'organisation militaire en Alsace-Lorraine.

L'armée d'occupation d'Alsace-Lorraine, concentrée dans les grandes places de Strasbourg et de Metz et dans les garnisons ordinaires, telles que Thionville, Colmar, Mulhouse, Schlestadt, Sarrebourg, Sarreguemines, Haguenau, Altkirck, Neuf-Brisach, Phalsbourg, Sarreguemines, Saint-Avold, est formée par le 15e corps de l'armée allemande. Sa constitution est toute spéciale.

En effet, il ne comble pas ses vides par le recrutement local, comme cela existe pour les autres corps allemands, et se voit contraint, par sa situation sur la frontière française et le grand nombre des points

CHAPITRE VIII.

fortifiés, de renforcer son organisation normale par des emprunts dont je vais parler.

Le commandant en chef du 15ᵉ corps d'armée ou plutôt de l'armée d'occupation d'Alsace-Lorraine est le général d'infanterie de Fransecky. Il commandait, pendant la guerre de 1870, le 2ᵉ corps appartenant à l'armée du prince Frédéric-Charles. C'est lui qui arriva le 17 août au soir à Pont-à-Mousson, en partit à quatre heures du matin, le 18, pour marcher sur Gorze, arriva à six heures du soir sur le champ de bataille de Gravelotte, et tenta vainement, sous les ordres directs du maréchal de Moltke, de déloger notre 2ᵉ corps de la position du Point-du-Jour[1].

Le général de Fransecky a pour chef d'état-major le colonel de Werder. Il n'y a pas actuellement de commandant en chef de l'artillerie. Le commandant du génie et des pionniers est le major Herrfahrdt. Le général-major Bauer commande la place de Strasbourg.

L'infanterie du 15ᵉ corps se compose régulièrement des 30ᵉ et 31ᵉ divisions. Elle est augmentée de la

---

1, Le général Fransecky a été nommé, le 5 novembre, gouverneur de Berlin, par suite de la concentration des pouvoirs civils et militaires dans les mains du feld-maréchal de Manteuffel. L'ex-commandant en chef du 15ᵉ corps d'armée est entré au service en 1825. Il est général de division depuis 1865.

brigade d'infanterie bavaroise dite brigade d'occupation.

La cavalerie, en vertu d'une disposition spéciale, est endivisionnée, à l'exception du régiment de uhlans n° 4, commandé par le lieutenant-colonel Becker, lequel marche avec la 30° division d'infanterie, et des escadrons de chevau-légers, commandés par le colonel baron de Sazenhofen, lesquels marchent avec la 31° division.

Les 30° et 31° brigades de cavalerie forment la division de cavalerie du 15° corps.

Le général-lieutenant de Woyna commande la 30° division d'infanterie, dont l'état-major réside à Metz. Celle-ci est formée par les 59° et 60° brigades d'infanterie, à la tête desquelles sont placés les généraux-majors Müller et baron de Bussche-Haddenhausen. Les régiments de la 59° brigade sont le 45° prussien (colonel d'Amelunxen) et le 60° brandebourgeois (colonel Dorndorf). Ceux de la 60° brigade sont le 42° poméranien (colonel de Wrisberg) et le 92° brunswickois (colonel de Forster). C'est un total de *douze bataillons.*

La 31° division, dont le siège est à Strasbourg, est commandée par le général-lieutenant de Ziemietzky. Ses brigades sont la 61°, sous les ordres du général-major Berger, avec les régiments rhénan n° 25 et saxon n° 105 (colonels Hülsemann et de Bosse), et la 62°, sous les ordres du général-major de Verdy du Vernois avec les régiments silésien n° 47 et wurtembergeois n° 126 (colonels de Schorlemmer et de Haldenwang).

Avec cette dernière brigade marche le bataillon de chasseurs de Lauenbourg n° 9 (lieutenant-colonel de Kropff). C'est un total de *treize bataillons*.

La brigade d'occupation bavaroise, commandée par le général-major de Munck, comprend les 4° et 8° régiments d'infanterie bavaroise (colonels de Hoffmann et de Gropper) et le bataillon de chasseurs de Bavière n° 2 (lieutenant-colonel Popp), soit *sept bataillons*.

A la gauche de l'infanterie, il faut placer le bataillon d'artilleurs à pied n° 15 et le bataillon de pionniers n° 15 (lieutenant-colonel Spohr et major Herrfahrdt).

Avec les régiments non endivisionnés de la 58° brigade tenant garnison en Alsace-Lorraine, nous arrivons au total de *quarante bataillons*.

La division de cavalerie est commandée par le général lieutenant de Drigalski.

La 30° brigade, sous les ordres du général major de Wright, comprend le régiment de dragons hanovriens n° 9 (lieutenant-colonel de Blanckensee), le régiment de dragons prussien n° 10 (lieutenant-colonel de Dincklage), le régiment de dragons du Sleswig-Holstein n° 13 (lieutenant-colonel de Stein), et le régiment de uhlans poméraniens n° 4 (lieutenant-colonel Becker).

La 31ᵉ brigade, commandée par le général major de Suckow, comprend les régiments : uhlans n° 15 du Sleswig-Holstein (lieutenant-colonel Sholten); uhlans n° 7 du Rhin (lieutenant-colonel Werkmeister); dragons de Silésie n° 15 (lieutenant-colonel d'Altenstadt); chevau-légers bavarois n° 5 (colonel de Sazenhofen). En joignant aux 40 escadrons de la division Drigalski 5 escadrons non endivisionnés stationnant en Alsace-Lorraine, on arrive au total de 45 escadrons.

L'artillerie de campagne comprend le régiment n° 15 (lieutenant-colonel von Ekenstein), 8 batteries et 32 pièces, 2 batteries de 6 pièces du 8ᵉ régiment d'artillerie, le régiment d'artillerie n° 30, avec 8 batteries formant 32 pièces et 2 autres batteries de 4 pièces. En tout 84 pièces de campagne. L'artillerie de place compte un assez grand nombre de compagnies. Un bataillon du train portant le n° 15 marche avec l'artillerie.

Si nous comptons 135 hommes à la compagnie, 540 au bataillon, 100 chevaux à l'escadron et le personnel de l'artillerie, nous arrivons à un total de 27,000 hommes pour les troupes résidant en Alsace-Lorraine.

C'est fort peu de chose, si l'on considère qu'il faut que le général de Fransecky assure la défense des deux immenses camps retranchés de Metz et de Strasbourg. Tel a été l'avis du feld-maréchal de Moltke dans sa récente tournée d'inspection. Les journaux allemands ont déjà annoncé que le corps d'occupation renforcé d'une division formerait bientôt deux corps d'armée, l'un pour la Lorraine, l'autre pour l'Alsace. Le doyen des généraux de l'armée allemande s'est également étonné de la faiblesse relative de l'enceinte de Strasbourg et des défenses de quelques petites places. De nouveaux millions arrachés au Reichstag serviront prochainement à combler ces lacunes.

Le 2 septembre, parti de bon matin de Strasbourg, à cheval, suivi du domestique d'un de mes amis, ce qui me permettait de passer pour un propriétaire des environs, je parcourais le polygone avant l'arrivée des troupes, toléré sur le champ de manœuvre par les hommes de garde chargés cependant d'éloigner les importuns : c'était, au reste, une mesure inutile, car ce jour-là, bien que le temps fût splendide, je ne rencontrai que deux étrangers, un Anglais et sa femme, munis d'excellentes longues-vues, et quelques paysans flâneurs.

A l'entrée du polygone se dresse une colonne élevée à la mémoire de Kléber et dont les abords sont ombragés par de magnifiques platanes. C'est là que je m'installai d'abord pour voir défiler les troupes de près.

Les trompettes m'annoncèrent bientôt l'arrivée de deux escadrons du régiment de uhlans Sleswig-Holstein n° 15 : soixante-cinq hommes par escadron, chevaux ardents. Le colonel de Schulten dirigea son détachement sous la feuillée, à droite du champ de manœuvre, prenant les positions indiquées sur le dispositif. Le bataillon du train, également n° 15, commandé par le major Ramdor, la voix la plus criarde que j'aie jamais entendue, passa au petit trot: 48 chariots à 4 chevaux. Peu après, un régiment d'infanterie, le 1er rhénan, n° 25, colonel Hülsemann, défila en ordre parfait, suivi à peu de distance par la plus grosse fraction du régiment d'artillerie de campagne n° 15. Ces batteries franchirent au galop l'espace compris entre l'entrée du polygone et la position qui leur avait été indiquée. Je remarquai la promptitude avec laquelle, dès que l'allure devenait plus rapide, les servants se hissaient trois sur l'avant-train et deux sur les petits sièges dis-

CHAPITRE VIII.

posés entre les roues et la pièce. C'est que les artilleurs allemands ne sont pas gênés, comme les nôtres, par leur armement et leur équipement. Ils ne portent en effet que le sabre d'infanterie.

Je regardais le régiment d'infanterie n° 25 passant auprès de moi, et je comptais les files de cinq hommes. Il y avait de 535 à 560 hommes par bataillon, soit à peu près 137 hommes par compagnie. Tous les bataillons des autres régiments m'ont semblé à l'œil posséder à peu près le même effectif, sauf un bataillon de chasseurs qui comptait 700 hommes présents.

Cependant l'heure de la manœuvre approchait, les régiments envahissaient le polygone soit par la route de Neudorf, soit par celle de la citadelle.

Le général commandant le 15° corps, de Fransecky, était arrivé sur le terrain accompagné du colonel d'état-major de Werder, et d'un officier d'ordonnance uhlan. Il était suivi de deux cavaliers d'escorte. Le général de division Ziemietzky et les brigadiers se tenaient déjà à leur poste, absolument isolés, ne conférant pas entre eux, méconnaissables.

Les maniements d'armes étaient accomplis avec une netteté, un ensemble merveilleux et sans aucun bruit de fer ou de bois; mais les officiers supérieurs 'en abusaient pas. Ils préféraient manœuvrer, quitter et reprendre les formations de combat, recommencer les mouvements mal compris.

Ici la critique est plus à son aise. Sans parler du désagréable frappement de pied au départ, il m'a semblé que les ploiements étaient assez lourdement exécutés, que les officiers ne laissaient pas assez de jeu aux soldats pour les mouvements du corps et qu'il y avait parfois des pêle-mêle d'un quart de minute dans les compagnies, dont l'effectif était cependant moitié moindre que le complet de guerre. L'artillerie évoluait avec une rapidité très remarquable, mais elle n'aurait pu soutenir la comparaison avec la nôtre. Le train exécutait de véritables tours de force.

Un signal venait d'être donné. Les régiments prenaient maintenant avec promptitude leurs dispositions de combat.

Des colonnes de compagnies occupaient toute la largeur du polygone, à intervalles égaux. Quatre bataillons étaient massés derrière chaque aile, un fort bataillon de chasseurs se tenait en réserve. Ces troupes, qui avaient environ douze cents mètres à parcourir avant d'aborder les buttes qu'elles avaient mission d'enlever, se mirent en mouvement dans le plus grand ordre, les compagnies en première ligne d'abord. Celles-ci se déployèrent en deux échelons qui, séparés par une assez faible distance, se portèrent par bonds successifs, mais sans se coucher à terre, dans la direction des obstacles.

A la distance indiquée par le dispositif, les tirailleurs ouvrirent un feu nourri avec des cartouches à blanc (on en avait distribué 25 par homme). Après une préparation de cinq minutes, à bonne distance, par un feu des plus vifs, toute l'aile gauche se lança au pas gymnastique vers la butte la plus élevée et en escalada les talus. En même temps, les bataillons de seconde ligne et la réserve générale s'avançaient au pas accéléré en masse, suivis des fifres et des tambours sifflant et ronflant avec l'harmonie que l'on sait : une danse d'ours apprivoisés. Cette marche, bien conduite et imposante, marquait une nouvelle phase de l'action, pendant que l'artillerie, postée à l'aile droite, en arrière, simulait un feu très violent contre les réserves de l'ennemi et que le train suivait pas à pas les mouvements de l'infanterie, et portait tout à coup quatre ou cinq de ses chariots à fond de train jusqu'à la seconde ligne.

La fusillade continuait, mais moins nourrie ; une fumée épaisse couvrait le sommet des buttes et la première colonne repoussée redescendait en fuite la pente de la position un instant conquise.

L'entrée en scène de renforts ranima l'action sur

la gauche, pendant qu'à droite le feu semblait s'éteindre. Tout à coup deux bataillons de seconde ligne, faisant face à droite en ordre mince, se portèrent au pas gymnastique, par une marche de flanc et une conversion, sous le feu de la butte et derrière les tirailleurs, tout à l'heure silencieux, à l'assaut des positions extrêmes de droite, débordant le champ de bataille autant que la largeur du terrain le permettait.

Le bataillon de chasseurs, placé en réserve, se portait vers le centre maintenant dégarni, pendant que les péripéties de ce Saint-Privat en miniature échappaient à ma vue. De terribles détonations, au centre, m'apprenaient que la seconde ligne entrée en bataille arrêtait par des feux de salve les tentatives supposées de l'ennemi pour couper en deux l'armée assaillante, pendant que son aile droite exécutait le dangereux mouvement que je viens d'esquisser.

Quand la fumée dissipée me permit de distinguer les troupes, de nouveaux ordres avaient été donnés, et les régiments repoussés battaient en retraite, régulièrement, protégés par la ligne de tirailleurs et les groupes constitués usant du feu de salve chaque fois que la nature du terrain le permettait.

Le général de Fransecky réunit bientôt les officiers

CHAPITRE VIII.

près de la colonne de Kléber et fit en détail la critique de l'opération. Il quitta ensuite le champ de manœuvre pendant que les régiments, après quelques ploiements accompagnés de maniements d'armes, s'apprêtaient à rentrer en ville. Un bataillon de piquet qui allait porter chez le général de Ziemietzky les drapeaux de la division précédait les tropes.

Dans le parcours des 3 kilomètres qui séparent l'entrée du polygone de la porte de Strasbourg, je remarquai qu'aucun soldat ne quittait les rangs. Les files conservaient à peu près l'alignement normal, les colonnes ne s'allongeaient pas outre mesure, les troupes marchant une sorte de pas cadencé beaucoup plus régulier que notre pas de route. On observait dans les rangs un silence relatif, c'est-à-dire qu'on ne parlait qu'à voix basse. Les hommes étaient fatigués, couverts de boue, ayant traversé des fossés et pataugé dans des flaques d'eau sur un terrain amolli par une abondante rosée, mais le pantalon de coutil rentré dans la botte leur donnait une apparence très martiale. Dans les rangs, on reconnaissait quelques soldats recrutés en Alsace-Lorraine, à leur démarche plus dégagée, à leur taille mieux prise et plus élevée que celle de leurs camarades. Des exclamations françaises, quelques-unes de ces expressions de caserne qui font partie de notre patrimoine militaire, arrivaient jusqu'à mes oreilles. Étrange et pénible contraste ! On aurait dit que des gamins de Paris s'étaient furtivement introduits dans les compagnies allemandes.

Les cavaliers prussiens sont moins bien placés que les cavaliers français, moins bien assis. Ils portent, en effet, l'étrier très long ; mais en revanche le paquetage de leurs effets est on ne peut plus rationnel. Le devant de la selle, très dégagé, permet de tenir la main basse. Les chevaux sont bien entretenus, mais paraissent surmenés. Ils *manquent de boyaux*, pour me servir d'une expression de métier. Cela tient, dit-on, à leur perpétuel état d'entraînement. On ne ménage jamais les bêtes, en ce sens qu'on leur demande tout ce qu'elles peuvent donner. Dans le service, on les pousse aux allures extrêmes. Cette cavalerie, par cette raison même, est parfaitement apte aux actions promptes et capable de fournir les plus grands efforts. « Reste à savoir, me disait, à Strasbourg, un des meilleurs officiers de notre armée, alors en permission, ce qu'elle deviendrait au bout de quelques jours, si une cavalerie mieux ménagée prenait une fois barre sur elle. »

On ne saurait trop admirer les superbes chevaux des officiers de la cavalerie allemande. Posséder des bêtes de sang, fines, résistantes, façonnées aux tours de force les plus difficiles, est un luxe recherché par tous les fils de famille. Dans certains régiments, ce luxe est poussé à ses dernières limites. Le moindre défaut, la plus petite tare, sont des prétextes à changement, à mise à la réforme. C'est ainsi que dans les villes de garnison ont lieu à chaque instant des ventes de chevaux d'officiers. Ces ventes se font à l'amiable. Les capitaines d'infanterie trouvent, par ce moyen, à acheter d'excellentes bêtes, bien dressées, habituées à la manœuvre et au feu qui, jugées insuffisantes par des *sportsmen* émérites, fournissent un très bon service dans leur nouvelle arme.

Je n'apprendrai rien à personne en disant que les simples cavaliers allemands sont également plus amateurs de chevaux et meilleurs écuyers que les cavaliers français. La raison en est connue. On choisit, sans distinction de taille, les hommes destinés aux services montés parmi les recrues que leur profession y a prédisposés.

On sait quelle large part d'initiative le commandement laisse à chaque officier. Ce système est appliqué dans l'intérieur des compagnies, en ce qui concerne les sous-officiers. Il est rare que les troupes qui se rendent à un rendez-vous, au champ de manœuvre ou ailleurs, soient conduites par leurs officiers. Ceux-ci se rendent presque tous isolément sur le terrain. Les compagnies sont conduites par leurs sous-officiers. La même remarque est à faire pour la tenue. On rencontre dans les villes de garnison des officiers de tous les grades dans la tenue qui leur convient le mieux. Il n'y a aucune régularité. Rien n'est prescrit, à cet égard, par la place. Ainsi l'officier, déjà très indépendant dans les limites de son commandement, quel qu'il soit, n'est astreint en dehors du service à aucune formalité désagréable. Il s'habille quand et comme il lui plaît, en grande tenue, en tenue de service ou petite tenue, voire même en civil.

CHAPITRE IX.

Arrivée du grand-duc de Bade. — Une brigade à inspecter. — Un combat de parade. — Le défilé devant une Altesse. — La conférence. — Sainte-Odile. — Les manœuvres de division. — Critique des méthodes allemandes. — L'initiative des chefs. — La discipline et le silence. — Quelques anecdotes. — Un trompe-l'œil.

Les manœuvres de brigade touchaient à leur terme. Les troupes allaient quitter Strasbourg pour commencer les manœuvres de division. Je désirais assister, avant de les suivre, à la revue d'inspection du grand-duc de Bade.

Le 5 septembre, ce prince fut reçu à la gare par les généraux de Fransecky, de Ziémietzky, Berger et Verdy du Vernois, accompagnés d'un nombreux état-major en grande tenue. Après les présentations d'usage et avant de monter en voiture pour traverser la ville, dont les établissements publics étaient pavoisés de loin en loin de drapeaux badois rouges et jaunes mêlés aux drapeaux prussiens, le grand-duc avait informé le général de Fransecky, commandant en chef du 15e corps, qu'il commencerait le lendemain matin son inspection par les six bataillons de la 61e brigade (général Berger).

L'Altesse descendit à l'hôtel de la Ville de Paris, sous le porche duquel on avait placé deux sentinelles devant d'énormes guérites jaunes et noires. Il y eut visite des autorités, le président supérieur en tête, dîner de réception, et le soir retraite aux flambeaux par les musiques de la garnison, au milieu de l'inattention générale. Les porte-torches, en passant sous le balcon du grand-duc, poussèrent énergiquement le hourrah réglementaire.

Le lendemain, il me fut facile de suivre en voiture les manœuvres, un certain nombre de curieux et surtout de curieuses d'outre-Rhin ayant obtenu la faveur de suivre l'état-major de l'Altesse. Nous formions ainsi un convoi qui tantôt fuyait devant l'attaque des troupes, tantôt les poursuivait dans leur retraite.

Dès six heures, le régiment rhénan n° 25 et le régiment saxon n° 105, sous le commandement des colonels de Bosse et Hulsemann, étaient massés en grande tenue d'été, pantalon blanc tombant sur la botte, derrière les buttes du polygone, dans les immenses terrains situés à 4 kilomètres de Strasbourg. Le brouillard du matin s'était dissipé et le soleil déjà brûlant nous annonçait une belle matinée.

Le grand-duc arriva en voiture découverte jusqu'au milieu du village de Neudorff, où l'attendait son état-major, monta à cheval vers sept heures, et fut reçu à l'entrée du polygone par le général Fransecky. De petite taille, bien pris dans son uniforme de général d'infanterie, portant sa barbe grisonnante demi-longue et montant un cheval bai-brun plein de feu, le grand-duc traversa au galop le champ de manœuvres côte à côte avec le général Fransecky, reconnaissable à sa haute stature, à sa taille élancée, à ses longs favoris blancs flottant au vent. Tous les généraux présents à Strasbourg, ainsi que les officiers supérieurs d'état-major, faisaient partie du cortège qu'escortaient de beaux officiers de gendarmerie à la tunique verte, au collet brodé d'or.

Après une courte conférence sur le terrain, le grand-duc, prenant le trot, parcourut le front des six bataillons rangés en bataille et, terminant en quelques minutes cette inspection sommaire, alla se placer, accompagné seulement de ses aides de camp, à 1,500 mètres environ de la brigade, sur un mamelon, au pied des buttes. Les troupes, maintenant disloquées, lui faisaient face et prenaient régulièrement leurs dispositions de combat sur un front d'environ 800 mètres.

Placé au sommet de l'une des buttes, je distinguais à la lunette leurs moindres mouvements.

Les tirailleurs eurent bientôt pris leur distance, couvrant toute la ligne de bataille, très rapprochés les uns des autres, presque coude à coude, alignés. Je remarquais avec intérêt, la chose étant nouvelle pour moi, que les tirailleurs de chacune des unités tactiques laissaient entre eux, sur le front, un intervalle évaluable au quart environ de l'espace occupé par eux.

On pouvait compter, en d'autres termes, quarante tirailleurs déployés, un vide suffisant pour vingt hommes coude à coude, et ainsi de suite sur toute la ligne. Au fond de ces créneaux, ménagés à dessein, on apercevait les soutiens groupés, égaux en effectif à la ligne des tirailleurs. Sur ce champ de bataille assez restreint, les soutiens ne se tenaient pas à plus de 100 mètres des tirailleurs. A 250 mètres des soutiens apparaissait le gros. Enfin, la réserve se tenait à 150 mètres du gros.

Au signal aigre et criard donné par les fifres, la ligne des tirailleurs, lentement suivie par les soutiens, se porta en avant, face aux buttes et au grand-duc, par bonds successifs, se couchant et tirant à blanc tous les 30 mètres environ.

Une première résistance simulée entraîna l'arrêt

de la ligne, sur laquelle se portèrent vivement les soutiens qui y exécutèrent des feux de salve très réguliers. Les tirailleurs se lancèrent de nouveau en avant, exécutant cette fois une immense conversion, et les soutiens reprirent leur place, sans à-coups, en seconde ligne.

Quelques minutes après, la ligne des tirailleurs, parvenue aux principaux obstacles *marqués* et repoussée de nouveau, fut enfin grossie par les soutiens cette fois complètement déployés.

Renforcée, cette ligne, désormais continue, hérissée de baïonnettes, se jeta à corps perdu en avant, parcourant au pas de course 150 mètres sans tirer, se couchant ensuite franchement et donnant, avec énergie, tous ses feux, pendant que les colonnes formant le gros s'avançaient au grand pas accéléré, au son des tambours et des fifres grondant et sifflant la charge. Encore un instant, et la première ligne ramenée se couchait pendant que le gros exécutait à son tour des feux de salve debout. Ces unités tactiques se disséminaient également, et tous les bataillons engagés, sauf l'extrême réserve, formaient une seule ligne d'attaque de trois ou quatre hommes d'épaisseur.

Le spectacle devenait de plus en plus émouvant; les soldats, excités par leurs chefs, poussaient de longs hourras. La masse se lança enfin, l'arme basse, à l'assaut des buttes.

Après un court repos, les mouvements inverses furent exécutés en retraite, un bataillon en équerre sur l'un des flancs, protégeant, par des feux de salve obliques, la reconstitution des autres.

La manœuvre étant terminée de la façon la plus satisfaisante, les troupes reformées s'apprêtèrent à défiler devant le grand-duc de Bade, entouré d'un nombreux état major, le général de Fransecky à sa gauche, les musiques lui faisant face.

Le général Berger commandant la brigade défila le premier, salua de l'épée et vint ensuite se ranger derrière le grand-duc. Les colonels et les majors, placés sur un rang, leurs adjudants derrière eux, suivirent. Puis les drapeaux et leur garde, enfin la troupe marchant le pas de parade cadencé la pointe à terre, en colonne serrée.

Aussitôt après le défilé, les régiments formèrent les faisceaux et tous les officiers montés ou non montés se réunirent en cercle autour du grand-duc et de l'état-major.

Le général Fransecky, commandant le 15ᵉ corps, commença à haute et intelligible voix la critique de l'opération, entrant dans les plus petits détails, interpellant les colonels et les majors, se plaignant du peu de soin qu'on avait apporté en général à l'étude de certaines formations tactiques. La conférence terminée, le grand-duc prit la parole hardiment et harangua le corps d'officiers pendant une dizaine de minutes.

Les officiers retournèrent vers la troupe, lui firent rompre les faisceaux, présenter les armes et pousser un formidable hourra en l'honneur du grand-duc. Celui-ci complimenta, en quelques mots, les soldats sur leur excellente tenue, les salua et, prenant un temps de galop, quitta le champ de manœuvre accompagné par les officiers généraux. Il prit congé d'eux à Neudorff, où il remonta en voiture pour rentrer en ville.

C'est dans une des régions les plus pittoresques de l'Alsace que l'état-major allemand a exécuté cette année les manœuvres de division, à trente et quelques kilomètres de Strasbourg, sur un terrain très propre aux opérations de guerre, entre Obernai et Barr et le long de la route qui de cette dernière ville descend sur Schlestadt. On se rend en deux heures d'Obernai à Sainte-Odile, monastère fondé au viie siècle par la patronne de l'Alsace, au milieu de forêts magnifiques, et sur un bloc de rochers d'où l'on découvre toute la plaine jusqu'au Rhin et à la forêt Noire, jusqu'à Bâle. C'est le rendez-vous des

Strasbourgeois, pendant la belle saison, un charmant pèlerinage, l'excursion nationale alsacienne. Toute la contrée est hérissée de ruines féodales comme celles des châteaux de Hogelschloss et de Dreystein, et de constructions celtiques, comme le mur Payen.

La conquête allemande a produit cet effet de rendre plus chers aux Alsaciens les sites de leurs montagnes si puissamment mouvementés, si peuplés de souvenirs historiques. Ce n'est plus à Bade et sur les bords du Rhin allemand que les habitants des villes vont se distraire de leurs travaux. Plus un regard, plus un écu pour ces villes ingrates qui vivaient de l'Alsace, et dont les soldats, plus ardents à la curée que les Poméraniens ou les Brandebourgeois, se sont rués sur leurs cités sans défense. Quand le temps manque pour aller respirer l'air de la patrie, dans les Vosges françaises, sur les bords du lac de Gérardmer ou aux eaux de Plombières, c'est au Hohwald, à Sainte-Odile, qu'on se rend. Le Rhin n'était qu'une frontière, il est devenu un de ces obstacles qu'on ne franchit plus.

Les manœuvres de division durent onze jours, dont trois sont consacrés à des marches de détachements et à des reconnaissances offensives, quatre à des combats de brigades contre brigades, et le reste du temps à une action générale de division contre un ennemi marqué. J'ai assisté aux manœuvres d'infanterie de Barr et d'Obernai, aux manœuvres de cavalerie d'Hochfelden, sur la ligne de Strasbourg à Avricourt. J'ai eu la bonne fortune de me trouver, dans ces excursions, en compagnie de plusieurs officiers français venus en permission et qui profitaient de leur séjour pour juger de près l'armée allemande de 1879[1]. Leur expérience m'a été on ne peu plus profitable, et j'ai vu avec une satisfaction sans mélange que nos jugements concordaient. Les qualités et les défauts que j'avais notés dans les manœuvres de brigade existaient réellement. Ils n'étaient que mieux perceptibles sur un plus vaste terrain.

On comprendra qu'en présence de manœuvres à large objectif, je n'entre pas dans le détail des positions et des incidents de combat.

Je n'ai pas l'intention de traiter à fond la question militaire. Mon but est tout autre. C'est de l'ensemble seulement que je rendrai compte. Raconter par le menu les mouvements des divisions sur un terrain inconnu du lecteur, nombrer les régiments, répéter

---

[1]. Je dois beaucoup à l'obligeance de mon confrère militaire de la *République française*, M. Barthélemy, mon compagnon en Alsace-Lorraine.

sans cesse les mêmes indications, ne pourrait être que fastidieux.

Je me borne à des observations générales dont je garantis la parfaite exactitude. Je souhaite qu'elles intéressent les militaires qui me liront.

Dans trois circonstances différentes, j'ai vu manœuvrer l'infanterie (offensive et défensive), et mes impressions premières n'ont pas été modifiées. La chaîne des tirailleurs se forme presque coude à coude, laissant soigneusement entre les unités tactiques des espaces libres pour l'entrée en ligne des soutiens, soit serrés en masse dans le dessein d'exécuter des feux de salve debout et de se replacer ensuite en seconde ligne, soit dispersés pour renforcer purement et simplement la chaîne.

Ce coude à coude, cette absence de l'échelon intermédiaire, du renfort, est un fait qui doit attirer l'attention de nos chefs de corps et de nos officiers. Il y a une préoccupation visible, constante, chez les Allemands, de s'assurer dès le début de l'action une supériorité écrasante des feux de première ligne. Étant donné que du premier avantage dépend le plus souvent la réussite finale, le gain de toute bataille semble devoir appartenir à celui dont les premières tentatives seront couronnées de succès. Les généraux allemands partent de là pour s'assurer dès le principe une grande supériorité numérique d'hommes et, par conséquent, de feux, sur un adversaire (le Français, par exemple) qui, trop préoccupé des anciennes méthodes en appliquant les nouvelles, lance sa première carte avec une certaine hésitation, n'ose pas jouer atout, et dissémine un peu trop sa chaîne.

La méthode allemande a ses avantages, mais il importe d'examiner si elle n'entraîne pas avec elle des conséquences graves, et si elle est applicable avec une autre armée que l'armée d'outre-Rhin. Je constate tout d'abord que cette préoccupation bien marquée de l'état-major prussien à s'assurer une supériorité numérique de sa chaîne sur *la nôtre*, dès le début de l'action, l'entraîne, bien qu'il connaisse on ne peut mieux les effets foudroyants du tir actuel, à commettre une très lourde faute, au moins dans les combats simulés.

Dans aucun cas, je n'ai vu les soutiens massés (notons encore qu'il n'y a pas de renfort) assez éloignés de la chaîne. Ils étaient toujours en pleine zone dangereuse, aussi bien et même mieux placés pour subir d'énormes pertes, à cause de leur concentration, que les tirailleurs dispersés. Je vais plus loin et j'invoque ici le témoignage des spécialistes présents aux manœuvres, les attaques dont j'ai été témoin auraient échoué contre des troupes de sang-froid, égales en nombre, usant du système actuellement en usage chez nous, les trois échelons. Leurs soutiens déjà décimés seraient arrivés en ligne, et par leurs feux de salve auraient probablement fait reculer la chaîne de l'ennemi grossie de ses renforts, question d'effectif, mais l'entrée en scène de soutiens absolument frais aurait rétabli victorieusement le combat.

Nos adversaires n'ont, à proprement parler, qu'une ligne de bataille placée dans la même zone dangereuse. Si nous rapprochons l'expérience des grandes manœuvres de 1879 en Alsace de certains faits connus de la guerre de 1870, nous verrons qu'à effectif égal, toute armée allemande dont le premier effort n'aurait pas été couronné de succès serait battue en subissant des pertes considérables. C'est par ce rapprochement des échelons de combat que s'explique le massacre de la garde prussienne à Saint-Privat-la-Montagne, le 18 août 1870, par la fusillade du 6ᵉ corps que commandait le maréchal Canrobert.

Que restait-il de ce corps d'armée après l'assaut manqué? Rien! Le rapport officiel allemand dit à ce sujet : « Le prince de Wurtemberg fut contraint d'interrompre son attaque et d'attendre la coopération des Saxons [1]. » Attendre une coopération quelconque, voilà tout le secret. Chaque fois qu'un corps d'armée est engagé, il donne à fond et se prodigue en première ligne, comptant sur l'arrivée opportune de troupes de rechange, s'il est ramené ou même détruit. Avouons que ces renforts attendus sont toujours arrivés aux Allemands pendant la dernière guerre, tandis que nos malheureux généraux n'avaient à compter que sur eux-mêmes, témoin la bataille de Spicheren.

On doit admettre dès aujourd'hui que de pareilles fautes ne se renouvelleront plus; il est donc juste de dire que la tactique employée par les Allemands dans leurs récentes manœuvres n'est compréhensible qu'avec une écrasante supériorité d'effectif. A égalité de nombre, elle devient fatale. En présence d'un axiome aussi peu contestable, on se demande pourquoi les généraux allemands, pleins d'expérience, connaissant les effets terribles du fusil Gras, prompts à modifier leurs théories quand ils les soupçonnent vicieuses, ne réagissent pas contre cette habitude prise par les chefs de corps de raccourcir au plus extrême minimum les distances

---

[1]. Les Allemands ont dit de Saint-Privat : *C'est le tombeau de la garde.*

entre les échelons de combat. J'y vois deux raisons.

La première est l'attachement au système qui a valu aux Allemands les triomphes inespérés de 1870-1871; la seconde, pour laquelle je pourrais renvoyer le lecteur aux remarquables articles que mon ami Le Faure a publiés dans le journal *la France* sur le commandement, est, qu'en temps de guerre, les chefs des diverses unités tactiques, mises subitement en contact avec l'ennemi, connaissent la part d'initiative laissée à leurs collègues, voisins de l'action, et n'hésitent pas à user de la leur.

S'ils ont la certitude, en présence de l'ennemi, que la région dans laquelle ils opèrent est vide d'Allemands à six heures de marche, ils ne s'engagent pas et battent en retraite. Savent-ils, au contraire, que la contrée est militairement occupée à portée de bruit de canon, ils n'hésitent pas à sacrifier leurs hommes dans une action prompte, même s'ils ont conscience de ne pouvoir la soutenir longtemps à eux seuls.

Somme toute, cet immense avantage de l'armée allemande sur l'armée française, s'il s'agit de chiffrer les doses de responsabilité et d'initiative, est largement compensé par la faute d'offrir à un ennemi qui peut être désormais égal en nombre le moyen d'annihiler trop facilement un premier effort des assaillants, en leur détruisant beaucoup d'hommes.

L'ennemi, si ses pertes sont considérables, ne peut-il aussi trouver à sa portée de nouveaux contingents assez solides pour repousser les attaques les plus désespérées ?

Je le dis avec toute la joie et toute la fierté qu'une pareille conviction m'inspire : le soldat français comme instrument de manœuvres en terrain varié et de combat, l'officier d'infanterie français comme guide des mouvements de ses hommes dans une bataille simulée, sont au moins égaux, sinon supérieurs, au soldat et à l'officier allemands. J'ajouterai que les préparations par les feux isolés sont absolument insuffisantes dans l'armée prussienne, qu'on y abuse des feux de salve et que les retraites s'opèrent d'une façon défectueuse.

Il y a naturellement un revers à cette médaille. Je dois signaler comme au-dessus de tout éloge l'attitude des hommes, l'immobilité des officiers, la discipline se traduisant par un silence absolu qui permet les commandements à la voix à de grandes distances. La rupture des rangs pour un repos n'entraîne ni disséminement, ni désordre, ni tumulte. La reprise des armes s'effectue avec le maximum de rapidité possible.

Les ordres sont portés au galop. Les décisions prises s'exécutent avec une promptitude exemplaire.

Les services accessoires sont on ne peut mieux organisés. L'initiative du capitaine est soigneusement respectée. Les officiers supérieurs ne se prodiguent jamais dans des besognes infimes. Ils restent pendant toute l'action à leur poste de combat, confiants dans leurs subordonnés.

Je ne voudrais pas abuser des considérations tactiques. Ai-je trop parlé, cependant, de l'armée allemande et des manœuvres d'Alsace? Je ne le crois pas. Ne sommes-nous pas, par la force des choses, et pour longtemps encore, une nation armée? Pour rentrer dans mon rôle de témoin et d'observateur, je terminerai ce chapitre par quelques anecdotes militaires.

Après nos désastres de 1870-71, il fut de mode de raconter que tout sous-officier allemand est un topographe, étudiant sa carte, comme les curés lisent leur bréviaire, jamais pris au dépourvu. Le uhlan passait pour une sorte de trappeur à la Gustave Aimard, humant l'air, calculant le vent, lisant l'heure dans les étoiles, relevant les pistes à l'indienne. Les officiers et les sous-officiers allemands étaient-ils très supérieurs aux nôtres sous ce rapport? Il y a lieu de le croire, et, d'ailleurs, une armée victorieuse ne manque jamais de prestige chez les vaincus. Mais écoutez cette histoire.

CHAPITRE IX.

Un de mes amis, capitaine dans un régiment d'infanterie française, de passage à Strasbourg, flânait un jour avec moi sur le terrain où devaient avoir lieu quelques instants plus tard les manœuvres de cavalerie. Un escadron bavarois arrive par un chemin de traverse. Le capitaine, apercevant deux promeneurs qu'il prend pour des Alsaciens, s'approche de nous.

« Pourriez-vous m'indiquer, monsieur, dit-il en allemand, à mon ami, où est situé le village de Scherlenheim ?

— Je vous répondrais mal en allemand, répondit le capitaine.

— Parlez français si cela vous convient.

— Eh bien, Scherlenheim est de ce côté, à 350 mètres environ d'ici.

— Et Wilshausen ?

— De ce côté ! »

L'officier reprit la tête de son escadron et le dirigea vers le point qui lui avait été désigné.

Si le fantôme du sous-officier, excellent topographe, hantait les cerveaux français, il était également prouvé que jamais les officiers prussiens n'aventuraient un poste sans avoir préalablement reconnu le terrain. Voici sur ce sujet une autre histoire, celle-ci racontée tout au long par les journaux alsaciens :

Le premier jour des manœuvres de division, une compagnie allemande s'installe dans un village avec ordre de placer des postes à quelques centaines de mètres de là, point extrême de la ligne de bataille. Un poste s'engage dans la nuit par un chemin de carrière, considéré par le capitaine comme de petite vicinalité. Un instant après, le sous-officier, chef de la petite troupe, tombe de 20 mètres de hauteur dans une carrière non reconnue et se brise la colonne vertébrale. Ce sous-officier était un enfant de Strasbourg. Sa mort produisit une grande impression dans la ville. Je dois dire que l'état-major lui fit faire un superbe enterrement, auquel assistèrent en corps tous les officiers du régiment.

Je pourrais multiplier ces récits, montrer un escadron culbuté dans un ravin, des soldats blessés en assez grand nombre, de grosses erreurs commises par des officiers de tous grades. J'ai cité ces quelques faits uniquement pour démontrer que la perfection n'est pas de ce monde. Les Allemands se trompent tout comme nous. On critique assez souvent, en France, notre armée, pour qu'on se permette parfois de lui prouver, ne fût-ce que pour exciter son émulation, qu'elle n'est pas seule à commettre des fautes. Si je m'occupe, par exemple, de la question des effectifs, à propos des manœuvres d'Alsace, je vois que les compagnies sont à environ 130 hommes, mais que les Allemands ont usé du trompe-l'œil. Des soldats isolés, en très grand nombre, sont arrivés à Strasbourg des garnisons de la rive droite du Rhin et ont été momentanément incorporés, à raison, pour certains régiments, de sept ou huit par compagnie. Sur les assises de granit du superbe édifice de la puissance allemande s'élèvent des colonnes de simili-marbre, avec ornements en carton pâte. Sachons, en reprenant possession de nous-mêmes, corriger nos trop fréquentes erreurs d'optique, et si nous oublions nos qualités traditionnelles, compter au moins les défauts de nos adversaires.

CHAPITRE X.

Voyage à Metz. — La nouvelle ligne stratégique. — La gare de Metz. — Une ville morte. — Attitude de la population. — La statue de Fabert. — L'administration allemande. — Les troupes. — La cathédrale et le cimetière Chambière. — Le monument élevé aux soldats français. — L'esplanade. — La colonie des fonctionnaires. — Les officiers à table. — Un repas chez M. S... — L'opinion en Lorraine. — Une souscription *volontaire*.

Je me proposais depuis plusieurs jours d'aller à Metz par la nouvelle ligne stratégique, d'y rendre visite à mes amis, de parcourir les champs de bataille d'août 1870, et de faire une courte tournée en Lorraine. Le moment était bien choisi. En quittant Strasbourg le 6 septembre, j'arrivais assez à temps pour assister aux services solennels célébrés tous les ans à la cathédrale et au cimetière de l'île Chambière, en l'honneur des soldats français morts sous es murs de la cité, pendant la dernière guerre.

On se rend maintenant en moins de cinq heures de Strasbourg à Metz, par la voie directe que l'administration allemande a récemment livrée à la circulation. Ce chemin emprunte la ligne Strasbourg-Avricourt, sur un parcours de 68 kilomètres, jusqu'à Rieding, près Sarrebourg.

En se détachant de la grande artère, avant d'arriver dans cette dernière ville, le chemin de Metz abrège quelque peu la distance et évite les manœuvres qui occasionnaient autrefois de longs retards. Il se dirige vers le nord, en descendant la vallée de la Sarre, parallèlement à la route de Sarrebourg à Fénestrange, jusqu'à Berth-Elmingen. A partir de cette station, la voie s'incline vers le nord-ouest pour atteindre Bensdorf, puis l'ancienne ligne de Sarreguemines, enfin Metz, par Rémilly et Courcelles. De belles stations en pierre rouge des Vosges, spacieuses et bien organisées, ont été construites, mais le transit est à peu près nul. Dans toute la partie comprise entre Sarrebourg et l'ancien tracé de partage des départements de la Meurthe et de la Moselle, on se trouve sur la limite des patois français et allemands.

Je remarquais cependant, pendant ce rapide voyage, que toutes les personnes qui montaient dans le train ou en descendaient s'exprimaient dans notre langue.

Il n'est peut-être pas inutile de dire, à ce propos, quelques mots de la question, si peu connue en France, de la séparation des langues, ou plutôt des patois, puisque toutes les villes des provinces conquises parlent le français. Si nous prenons la ligne frontière qui sépare la Haute-Alsace du département des Vosges, c'est-à-dire la chaîne des montagnes, nous rencontrons d'abord, de l'autre côté de cette ligne, un large empiétement de la langue française sur le versant alsacien. Les vallées de Sainte-Marie-aux-Mines, d'Orbey, de Schirmeck, pour ne citer que celles-là, n'ont jamais été pénétrées, sauf dans leurs parties les plus inférieures, par le patois germanique. Il y a, sans compter la population urbaine d'Alsace, 80,000 paysans de langue française de l'autre côté des Vosges. Vers Phalsbourg, au contraire, le patois germanique déborde sur la Lorraine. La limite des langues se dirige ensuite vers le nord-ouest, comme la ligne Sarrebourg-Metz, et, se relevant encore, touche la Moselle entre Metz et Thionville. Selon M. Charles Grad, député de Colmar au Reichstag[1], la statistique officielle allemande donne, pour la Lorraine annexée, 381 communes peuplées de 175,000 habitants, entièrement français de langue et d'origine. Il y a donc 255,000 Alsaciens-Lorrains conquis, ignorant absolument la langue allemande. Ces chiffres ayant excité ma curiosité, j'ai voulu pousser plus loin cette étude. J'ai acquis la certitude

---

1. *Études statistiques sur l'industrie de l'Alsace.*

que plus de 200,000 Alsaciens ou Lorrains habitant les grandes et les petites villes et classés comme étant de langue allemande, c'est-à-dire nés au delà de la limite du patois français, ne parlent, ni en famille, ni dans leurs relations ordinaires, que la langue française. Viennent ensuite, mais sans qu'il soit possible de les dénombrer, ceux qui, parlant couramment les deux langues, préfèrent se servir de l'allemand, puis les paysans se servant du patois germanique et sachant peu de français, aussi inintelligibles, en somme, dans une langue que dans l'autre, enfin, les enfants de villageois ne parlant qu'allemand.

On descend encore de chemin de fer à Metz hors de la porte Serpenoise, dont les inscriptions françaises ont été conservées [1] ; mais plus de voitures sur la place de la gare, plus de commissionnaires empressés à vous chercher un logement ou à vous montrer les curiosités de la vieille cité. Quand on traverse la porte, gardée par les sentinelles prussiennes, il semble qu'on entre dans un sépulcre. Un frisson vous passe dans le dos.

---

1. On lit sur le côté droit de la porte : « Metz surprise par l'ennemi est sauvée par le boulanger Harelle 9 avril 1473 », et sur le côté gauche : « Le 28 novembre 1552, près de la porte Serpenoise, la principale attaque de Charles-Quint est repoussée par le duc de Guise. »

Metz est une ville morte civilement, pétrifiée dans son deuil. Telle je l'ai vue en 1871, aussitôt après la conquête, telle je l'ai revue en 1879. C'est bien une place occupée par l'ennemi, mais non conquise, une cité dolente pour laquelle il n'y a plus ni joies, ni fêtes, ni sourires d'enfants. Le pas lourd et cadencé du soldat germain, les bruits de crosses de fusils sur les pavés, le cliquetis des sabres traînés insolemment sur les trottoirs, les ronflements des demi-tambours, les aigres notes des fifres, les feux de peloton d'exercice sous les murs, sont les seuls bruits qu'on entende.

Une garnison même nombreuse ne peuple pas. Metz n'a pas gardé, comme Strasbourg, comme Mulhouse, son ancienne animation de cité populeuse et commerçante. L'option en masse lui a été fatale. On est parti par troupes entières, abandonnant biens, commerce, espoir de retour : véritable migration de peuple. Les deux tiers des habitants s'en sont allés et la population française est un instant tombée de 55,000 habitants à 18,000. Quelques-uns sont revenus pendant qu'une nuée d'Allemands prenait la place des optants, achetant maisons de ville et fonds industriels à vil prix, recevant pour s'installer une grosse subvention de l'administration allemande, ouvrant des boutiques dans toutes les rues, peuplant de librairies et de débits de tabac les quartiers les plus abandonnés, rêvant la création d'un immense rendez-vous germanique semblable à l'ancienne Metz du moyen âge.

Mais la ville est restée tombeau, et les Allemands eux-mêmes la quittent ruinés, maudissant la conquête.

Les Messins fugitifs ont dressé leur tente à Nancy, à Verdun, à Toul. Ces villes sœurs les ont accueillis comme on reçoit des naufragés. La population française restée à Metz languit et végète. C'est une nation traînée en esclavage qui pleure sa patrie et ne veut point être consolée. Sa vie politique s'est soudainement arrêtée le jour où l'ennemi a franchi les portes de la ville qui n'avait jamais été violée, *nunquam polluta,* avant qu'un maréchal d'empire vînt y conspirer contre sa patrie.

Contemplant tristement tous les jours la statue de Fabert, sur le piédestal de laquelle les Allemands, cruelle ironie du sort! ont laissé subsister les héroïques paroles que tout Français devrait connaître [1] et cet autre héros de bronze, debout sur l'esplanade, Ney, le fusil à la main, protégeant la retraite de l'ar-

---

[1] « S'il me fallait pour défendre une forteresse que le roi m'aurait confiée mettre à la brèche ma personne, ma famille et mes biens, je n'hésiterais pas un seul instant. »

mée de Russie ; les Messins vivent dans le passé, fidèles à leurs vieux souvenirs de gloire, se mêlant le moins possible aux vainqueurs, attendant, comme Israël, dans le deuil et le recueillement, le temps fixé par les prophètes.

J'ai dit que l'émigration en foule des premiers mois de la conquête avait entraîné un mouvement en sens contraire. En effet, toute la bohême d'outre-Rhin s'est abattue sur Metz. Il y a donc deux populations superposées, n'ayant aucun point de contact, vivant de leur vie propre, allant et venant sans jamais se mêler, avec leurs habitudes particulières, leur langue, leurs mœurs.

L'administration allemande a malmené la population ici comme partout en Alsace-Lorraine. Elle a usé de tous les procédés de dictature, révoqué le maire, l'honorable M. Besançon, député au Reichstag, nommé un administrateur municipal, persécuté sans repos ni trêve, les citoyens. Mais les présidents de district qui se sont succédé à Metz et les chefs des divers services ont renoncé à modifier l'esprit des habitants. Le gouvernement allemand sait et avoue que la germanisation est impossible en Lorraine. Il compte cependant beaucoup plus sur l'avenir à Metz qu'à Strasbourg. Il espère que l'émigration continuelle des Messins vers la France et l'immigration des Allemands finiront par donner la majorité à la population germaine.

En attendant, il a bien fallu, après expérience, laisser à la langue française son droit de cité. Les inscriptions des rues sont en double sans être pour cela la traduction l'une de l'autre. Au-dessus de la plaque blanche portant : *Place du Fort,* on voit, par exemple, la plaque noire à caractères blancs : *Woigts Rhetz Platz.* Les inscriptions administratives, les placards de l'autorité sont également dans les deux langues.

Chose assez curieuse, il est arrivé que, à part les enfants fréquentant les écoles, personne n'a appris l'allemand, et que les employés prussiens ont été forcés, au contraire, d'apprendre le français.

J'ai été témoin du fait suivant dans une gare de chemin de fer. L'employé ouvre la porte et crie à tue-tête en allemand : « Les voyageurs pour ***, en voiture. » Sept ou huit personnes placées dans la salle d'attente ne bougent pas. Nouveaux cris sans plus de succès. De guerre lasse, l'employé, baissant la tête et esquissant un mauvais sourire, murmure en français : « Le train de *** va partir. » Aussitôt chacun court prendre sa place.

Au moment où j'arrivais à Metz, la ville était remplie de troupes se concentrant pour les grandes manœuvres. Les officiers occupaient tous les hôtels, de la cave au grenier, les haut gradés dans les chambres, les autres dans les couloirs. Ces régiments, venus de la Bavière rhénane pour remplacer la garnison ordinaire de Metz, allaient subir le lendemain l'inspection du général de Gœben.

Les *chenillards* (Bavarois portant encore le casque à chenille), ainsi que les ont surnommés les Messins, n'étaient pas les moins nombreux. Les rues étroites de la haute ville apparaissaient littéralement pleines de soldats, les promenades retentissaient d'accords musicaux bruyants, les cafés étaient inabordables. C'est une rude épreuve pour les Messins que cette concentration annuelle.

Le lendemain de mon arrivée, un dimanche, la soldatesque curieuse a pu voir une foule énorme se porter, dès le matin, à la cathédrale pour assister au service funèbre en l'honneur des victimes de la guerre de 1870 tombées sur les champs de bataille autour de Metz. L'évêque, un patriote dans toute la force du terme, Mgr Dupont des Loges, présidait à cette triste cérémonie.

Au sortir de l'église, la population vêtue de deuil s'est dirigée silencieuse vers le cimetière Chambière. Les femmes tenaient dans leurs mains des couronnes d'immortelles et des bouquets symboliques.

Les couleurs nationales étant proscrites, on pouvait lire sur une haute oriflamme de crêpe noir ces mots brodés en lettres d'argent par des doigts français : « *Aux enfants de la France morts pour la défense de la patrie.* »

Quel sombre recueillement ! quelle lourde tristesse ! quel deuil patriotique ! Jamais je n'oublierai ce navrant spectacle. Neuf années, pourtant, neuf longues années se sont écoulées depuis l'heure fatale de la conquête, et les Lorraines ont encore des larmes à répandre. Ah ! celles-là ont élevé leurs fils dans l'idée du sacrifice suprême. L'avenir les trouvera fortes. « La haine, écrivait un Allemand, s'est accrue de mois en mois, de semaine en semaine, de jour en jour. Les parents disent à leurs enfants : « Détestez ces Prussiens, retirez-vous de leur chemin, évitez-les tant que vous pourrez.... Vengez-nous d'eux le jour où la France se lèvera pour nous affranchir de la servitude prussienne [1]. » Le temps passera, les générations se succéderont, et Metz restera la ville souffrante, la cité captive. Elle aura sans cesse les regards tournés vers l'avenir et continuera à appeler de tous ses vœux l'heure marquée par le destin.

Rien de simple et d'imposant à la fois comme le

---

1. *Les Prussiens en Alsace-Lorraine.*

monument élevé sur la tombe de ceux qui sont morts aux ambulances de Metz pendant le siège. Il s'élève au fond du cimetière, dans la grande allée. On découvre de cet endroit les hauteurs couronnées d'ouvrages formidables et le gracieux amphithéâtre des collines de la Moselle.

Le monument porte, sur sa face antérieure, ces deux inscriptions de la simplicité la plus touchante : « *1870. Aux soldats français, morts sous ces murs pour la patrie. — Les femmes de Metz à ceux qu'elles ont soignés.* »

La face droite, sur laquelle sont gravées ces dates : « Borny, 14 août ; Gravelotte, 16 août ; Saint-Privat, 18 août », est revêtue d'une plaque de marbre, avec ces belles paroles de saint François de Sales : « *Ils ont fini leurs jours mortels en leur devoir et dans l'obligation de leurs serments. Cette sorte de fin est excellente. Il ne faut pas douter que Dieu ne la leur ait rendue heureuse.* »

Sur la face gauche, on lit encore, au-dessous des inscriptions : « Sainte-Barbe, 17 septembre ; Peltre, 17 septembre ; Ladonchamps, 7 octobre », ce verset du livre des *Machabées*: « *Malheur à moi ! Fallait-il naître pour voir la ruine de mon peuple, la ruine de la cité et pour demeurer au milieu d'elle pendant qu'elle est livrée aux mains de l'ennemi !* »

Enfin, la quatrième face porte : « *A la mémoire de 7,103 soldats français, morts aux ambulances de Metz ;* » et cet autre extrait du livre des *Machabées* : « *Nous les avons aimés dans leurs souffrances. Que notre compassion les suive après leur mort. Ils moururent en laissant à toute la nation un grand exemple d'intrépidité et de dévouement.* »

Aux abords de ce monument, gage du patriotisme messin, on aperçoit les tombes d'un grand nombre d'officiers français tués dans les sorties, pendant le siège.

Non ! la foule que j'ai vue prier et pleurer sur le sépulcre de nos soldats, neuf ans après leur mort héroïque, ne se germanisera pas. Cette impression, je la lisais dans les yeux des quelques officiers allemands témoins de cette scène. Les Lorrains ont souffert maintenant tout ce qu'ils pouvaient souffrir. Les Allemands peuvent multiplier leurs exactions et leurs dénis de justice, ils ne réussiront pas à chasser de Metz les derniers Français. Ceux-ci ont compris qu'il leur faut maintenant vivre et mourir là, dans l'intérêt même de la patrie perdue.

Il faut avoir connu Metz au temps de sa splendeur, avec son animation commerciale, sa société policée et si choisie, son école d'application d'artillerie, son lycée, pépinière d'officiers de toutes les armes, sa colonie de retraités des anciennes guerres, le joyeux va-et-vient de ses promenades ; il faut l'avoir retrouvée morne, désolée, déserte, silencieuse, pour juger dans toutes ses conséquences le crime de la conquête.

L'esplanade, cette délicieuse promenade sous les arbres de laquelle la population tout entière venait s'asseoir et dont la terrasse domine de si haut la vallée de la Moselle, depuis les coteaux de Novéant jusqu'au redoutable Saint-Quentin, est vide aujourd'hui, le dimanche et les jours de fête, comme pendant la semaine. C'est en vain que les musiques de la garnison viennent s'y faire entendre. On y rencontre quelques officiers, quelques femmes d'employés allemands, quelques étrangers ; les allées sont vides. Si par les beaux jours d'été, aux heures matinales, un habitant de Metz passe par là avec ses fils, c'est pour s'accouder sur le parapet de pierre de la terrasse et leur montrer le point de l'horizon où les collines s'abaissent à 20 kilomètres de la ville, vers Pagny, vers la terre restée française.

Si le *spleen* règne en maître dans l'ancienne capitale du royaume d'Austrasie, si l'étranger se sent envahi par la tristesse qu'on y lit sur tous les visages, ce n'est pas seulement parce que la population française porte le deuil et se confine dans la retraite la plus absolue, c'est aussi parce que la colonie des fonctionnaires, la garnison, l'immigration allemande, vivent campés comme sur une terre d'exil. Que leur importent la beauté du climat, la richesse du pays, le contraste entre ce sol fécond et leurs pauvres plaines de Prusse?

Tous ces Allemands se savent hors de chez eux, transplantés là pour accomplir une besogne répugnante, détestés des populations qu'ils oppriment. Ils ont conscience de cette situation et reconnaissent au fond la grande injustice commise. L'ennui les a gagnés. Isolés, mécontents, ils n'aspirent qu'à retourner dans leur pays. Les officiers confessent cet état de choses. L'un d'eux disait dernièrement à un Messin chez lequel il logeait : « J'ai encore six mois à rester ici, je les échangerais volontiers contre une année de forteresse! »

Quant aux fonctionnaires et aux petits employés, ils intriguent auprès de l'administration supérieure pour demander des changements de résidence ou tout au moins des congés. Leur famille les obsède du matin au soir, tant la vie est difficile et décourageante. Point de relations de société pour les femmes, point de plaisirs pour les filles, point d'amis pour les fils. Il faut vivre cloîtrés, sans autres distractions que les visites officielles, sans pouvoir même nouer

avec ses voisins des rapports supportables. « Ah !
madame ! s'écriait un jour la femme d'un magistrat,
en s'adressant à une Française, nous sommes aussi
malheureux que vous. Quand tout cela finira-t-il ? »

Dans le commerce, c'est bien autre chose encore. Il
n'y a pas de concurrence possible. Un marchand allemand mettrait en vente ses marchandises au quart de
leur prix qu'il n'attirerait pas un acheteur français. Le
désespoir des nouveaux venus est d'autant plus grand
que leurs illusions ont été plus vives. On croit rêver
quand on voit, à Metz, en plein pays lorrain de
langue française, d'immenses librairies allemandes
aux vitrines chargées des nouveautés de Leipzig et
de Berlin. On comprend que la colonie des fonctionnaires ne suffit pas pour permettre à ces colporteurs
de saine littérature d'outre-Rhin de faire leurs affaires.
En revanche, un seul libraire français vendait le mois
dernier, en huit jours, 200 exemplaires du livre ayant
pour titre : *Gambetta*.

Je me proposais, depuis mon arrivée en Alsace-Lorraine, d'étudier de près les usages des officiers allemands réunis en corps. La chose m'avait été impossible à Strasbourg où les officiers de la garnison
vivent au casino militaire de la place de Broglie.
Ceux des régiments de passage s'étaient disséminés
par petits groupes dans différents restaurants. A

CHAPITRE X.

Metz, j'ai pu satisfaire pleinement ma curiosité. Je logeais dans un hôtel où les officiers d'un régiment prussien avaient pris pension.

A l'heure même où les Messins rentraient chez eux, après la cérémonie du cimetière Chambière, on banquetait à qui mieux mieux dans tous les hôtels. Avant d'entrer en campagne, les officiers allemands écornaient joyeusement leurs suppléments de solde.

Placé dans un petit salon voisin d'une immense salle où soixante officiers dînaient côte à côte, j'observais leur attitude. A travers le brouhaha violent des conversations particulières, quelques phrases tronquées arrivaient jusqu'à mes oreilles. Il était fortement question des manœuvres, des hypothèses rédigées par l'état-major, du récent voyage de l'empereur Guillaume à la frontière russe et des perspectives de campagne qu'ouvrait *la guerre de plume*, enfin de la prochaine arrivée de la famille impériale à Strasbourg, puis à Metz.

Je remarquais, en dehors de toute distinction de grade, l'entrain et la fougue brutale de quelques officiers, l'attitude modeste et silencieuse de certains autres. J'attribuai d'abord ces différences à des questions de classe et d'origine. L'antithèse avait pour origine des motifs moins graves et surtout moins relevés. Je m'en aperçus bientôt. On était depuis une bonne heure à table ; or, la fraternelle camaraderie française n'étant pas de mise en Allemagne, les uns avaient bu de l'eau, le vin n'étant pas compris dans le coût du repas, d'autres, moins serrés, avaient été jusqu'à la demi-bouteille de petit vin de Moselle, de plus fortunés achevaient de vider, dans des verres de Bohême, une longue fiole de vin du Rhin, quelques heureux mortels à grosses torsades s'échauffaient, en tête-à-tête d'un seau à rafraîchir le champagne. Il n'est pas rare de voir, dans un restaurant, deux officiers de même grade dîner l'un, d'une forte saucisse de Strasbourg arrosée d'une haute chope de bière blanche, l'autre, d'un perdreau truffé et d'une bouteille de Château-Laffitte. Mais quels appétits germains ! L'hôte en levait les bras au ciel.

Un jour, peu de temps après la signature du traité de Francfort, un industriel de la Haute-Alsace, M. S..., qui a pris place dans les rangs du maigre parti alsacien rallié à l'idée allemande, avait invité à l'hôtel les officiers du bataillon qui venait tenir garnison dans la ville qu'il habite. Il avait bien fait les choses. Chaque porte-casque pouvait contempler devant lui un peloton serré de coupes de toutes les tailles. Les domestiques offrirent le premier verre de vin fin. Tous les convives l'absorbèrent avec entrain. Un instant après, nouvelle offre, nouveau vin. Cette fois, nos officiers le refusèrent d'un commun accord. Il en fut de même du troisième cru proposé. Cette fois, M. S..., dont la cave assez renommée avait fourni les vins, n'y comprit plus rien. Son étonnement était d'autant plus vif que ses convives s'attaquaient au vin ordinaire en gens qui n'ont pas fait vœu de sobriété. Il eut bientôt l'explication de ce mystère. L'usage veut, entre officiers allemands, que dans toute réception, le premier vin fin consommé soit à la charge de l'amphitryon, et les autres, à la charge des convives. Nos officiers avaient cru que M. S... leur ferait payer les consommations supplémentaires.

Peu à peu, les officiers alourdis se levaient de table et allumaient. l'un, un cigare de la Havane, l'autre, une mauvaise pipe. Il ne resta bientôt plus dans le salon que quatre ou cinq Prussiens haut gradés, ceux que les conscrits de langue française appellent entre eux les *grosses légumes*. L'un d'eux, assez excité, demanda au garçon français *un cheu pour passer la culotte*. Le garçon ahuri courut chercher le patron de l'hôtel. Celui-ci, aidé par la mimique de l'Allemand, réussit à comprendre. On voulait des cartes pour jouer à l'hombre les vins extra.

Après les péripéties ordinaires, le jeu prit fin. Le

gagnant s'écria bientôt en jetant les cartes : « C'est une *heureuse quantième* pour moi. » Le colonel intervint et protesta avec toute l'autorité que lui donnait son grade : « Il faut dire *chour*, major. » De là, discussion. Le garçon, un fort en thème, servit d'arbitre.

Il est à remarquer, du reste, que MM. les officiers allemands aiment à parsemer leurs discours de quelques mots en français de cuisine. Ils trouvent cela de bon ton, ramassent leurs citations un peu partout et les appliquent à tort et à travers. Au milieu de la plus effroyable cacophonie tudesque, on entend tout à coup des lambeaux de phrase comme ceux-ci : « *Ternier mode tu boulevard;* » « *Le chour de cloire est arrivé;* » « *Si nous monterions à cheval.* »

Le lendemain matin, tous ces guerriers partirent dans différentes directions, par une pluie battante, précédés de leurs éternelles fanfares. Metz respira.

Le mauvais temps me forçait à remettre mon excursion sur les champs de bataille de Rezonville et de Gravelotte, j'en profitai pour parcourir Metz dans tous les sens, rendre visite à d'anciennes connaissances, pénétrer dans les lieux publics.

« Comment, demandai-je à un Messin, considère-t-on, en Lorraine, le changement gouvernemental et administratif qui va s'accomplir. N'espérez-vous pas qu'appelés à la discussion des questions locales et budgétaires, vous pourrez arriver, par la suite, à une indépendance relative vis-à-vis du gouvernement central ?

— Ah ! me répondit-il, ces choses-là sont bonnes à débattre en Alsace, et puisque vous venez de Strasbourg, vous n'avez pas manqué d'en entendre parler, mais ici nous n'avons cure de tout cela. Il n'y a pour les Lorrains aucune différence entre leur situation d'aujourd'hui et celle de demain. Il n'y a rien de commun entre nous et les Allemands. Que voulez-vous que nous fasse la nomination d'un *statthalter* ? Être sous la férule d'un Mœller ou d'un Manteuffel, c'est tout un pour nous.

— Mais, il ne faut pas vous abandonner ; il convient, au contraire, de lutter, même à armes inégales. C'est, du moins je le crois, l'avis de votre député au Reichstag, M. Bezançon.

— Nous sommes unis à l'Alsace par des liens indissolubles et nous ne tiendrons jamais une autre conduite qu'elle. Beaucoup plus étendue que la Lorraine, plus apte, par la connaissance de la langue allemande, à discuter nos intérêts communs, moins dépeuplée par l'émigration, l'Alsace essaiera de tirer parti de la situation nouvelle ; nous serons avec elle ; c'est une question de discipline, mais nous n'attendons rien de cette campagne. Je vous assure qu'en Lorraine on s'occupe fort peu de la nouvelle constitution.

— Ne parle-t-on plus politique en Lorraine?

— Pardon ! Beaucoup plus encore qu'en Alsace. Mais nos affaires locales n'ont rien à voir avec la politique. Payer de lourds impôts, subir des vexations sans nombre, voilà notre lot. C'est la loi de la guerre et nous n'y changerons rien. En revanche, il ne se passe pas un fait diplomatique en Europe qui nous laisse indifférents. Nous sentons à toute heure du jour d'où vient le vent. Les vieillards se demandent s'ils vivront assez longtemps pour voir l'heure de la délivrance, et les jeunes gens, s'ils auront encore l'âge de se sacrifier quand viendront les événements. Le *landesausschuss*, qu'est-ce que cela ? Notre Chambre est au palais Bourbon et non ailleurs. Ce dont nous nous inquiétons le plus, c'est de la stabilité du gouvernement français, de la reconstitution des forces nationales, des chances plus ou moins grandes de relèvement militaire. La Lorraine vous semble morte parce qu'elle ne veut, à aucun prix, s'occuper des choses allemandes, mais elle est vivante et bien vivante en France. Nous allons tous, de temps à autre, nous retremper à votre contact. Voilà l'important. Quant aux incidents de la vie politique alsacienne-lorraine, les Messins les considèrent comme absolument secondaires. »

Telle est, en effet, la différence entre l'Alsace et la Lorraine. La ligne de conduite qu'on venait de m'exposer est la résultante de la politique d'option. Quelque noble qu'elle soit, elle offre de graves dangers. J'ai déjà eu l'occasion de le faire comprendre. L'abstention générale des populations alsaciennes-lorraines comblerait de joie M. de Bismarck. Le jour où la protestation cesserait d'être active, le chancelier de l'empire ne proclamerait-il pas ce triomphe apparent de la germanisation? la conquête ne semblerait-elle pas, aux yeux de l'Europe, définitivement acquise?

On s'occupait beaucoup, ce jour-là, à Metz, dans les cafés, les hôtels, les boutiques, tenus par des Français, d'un fait arbitraire dont je me garderai d'omettre le récit.

Le conseil municipal de Metz existe toujours. Il n'a pas été dissous comme celui de Strasbourg, et l'administrateur municipal, faisant fonctions de maire, à la place de M. Bezançon, destitué, ne peut ouvrir des crédits de son chef. L'arrivée de l'empereur Guillaume à Metz devait entraîner une dépense assez considérable; mais le conseil n'était nullement disposé à voter quoi que ce fût. Le gouvernement d'Alsace-

Lorraine s'arrangerait, il trouverait bien l'argent nécessaire pour festoyer à l'occasion du voyage impérial.

En effet, le gouvernement d'Alsace-Lorraine, ou plutôt le président du district lorrain, a su trouver de l'argent. Il n'a rien imaginé de mieux que d'envoyer à domicile chez les commerçants pour les prier de s'inscrire sur une liste de souscription *volontaire*, à l'effet de couvrir les frais nécessités par la présence de la famille impériale. Le noble empereur verrait ainsi combien ses fidèles sujets de Metz tiennent à lui faire plaisir. Les débitants, les cafetiers, les hôteliers, étaient tout désignés pour s'enthousiasmer plus facilement que les autres.

« M. X..., disait l'employé présidentiel à un cafetier, vous ne refuserez pas, je pense, de vous inscrire sur cette liste de souscription ?

— Mais, répondait celui-ci, je n'en éprouve aucune envie. Je consacre assez d'argent au paiement de mes impôts, sans en dépenser encore à souscrire. Une souscription étant volontaire.....

— Vous ne souscrivez pas ?

— Comme vous le dites.

— M. X..., il y a bien d'autres choses qui sont volontaires ; par exemple, maintenir la permission d'ouvrir un établissement public à un cafetier qui manque de respect envers l'empereur.

— Vous me menacez de fermeture ?

— Pas précisément, mais.....

— C'est bien, voilà *cinq francs* pour votre souscription *volontaire*.

— Cinq francs, vous n'y pensez pas ! cinq francs pour un café aussi souvent dénoncé comme un rendez-vous d'opposants. Vous serez plus généreux, j'en suis sûr. Vous donnerez bien *quarante marks*.

— Volontairement, n'est-ce pas ? »

Que faire ? Comment résister ? Quel moyen d'empêcher le président de Lorraine, sur le rapport du chef de police, d'ordonner la fermeture de l'établissement ? On jetait de guerre lasse à ce forban sans vergogne la somme demandée.

C'est encore un petit article à ajouter au code de l'honnêteté germanique.

CHAPITRE XI.

Le camp retranché de Metz. — Ses défenses intérieures et extérieures. — Les forts Frédéric-Charles et Manstein. — Le fort Avensleben. — Les forts Manteuffel, Gœben, prince de Wurtemberg. — Une visite aux champs de bataille des 16 et 18 août 1870. — Entre Rezonville et Vionville. — Souvenirs de la bataille. — Les monuments funèbres. — Frédéric-Charles à Gorze. — Cette ville, son passé, son présent. — Novéant-sur-Moselle. — Rentrée à Metz. — Le champ de bataille de Wœrth.

Metz est maintenant un camp retranché qui n'a pas son pareil dans le monde, un centre stratégique de premier ordre, la place la mieux approvisionnée, la mieux outillée, la mieux disposée pour résister pendant de longs mois à une grande armée.

On sait que la ville est bâtie dans l'angle formé par le confluent de la Moselle et de la Seille et que l'enceinte, remarquable par la hauteur des escarpes et englobant l'île Chambière, est renforcée sur la rive droite de la Moselle par le fort Belle-Croix, que Cormontaigne considérait comme son chef-d'œuvre, et sur la rive gauche, par le fort Moselle. Ces ouvrages, à double couronne, mis à la hauteur des exigences modernes par l'établissement de cavaliers et la création de contre-gardes, ont été baptisés par les Allemands fort Steinmetz et fort Voigts-Rhetz. Le général Steinmetz commandait la première armée au début de la guerre. Le général Voigts-Rhetz faisait partie de la deuxième armée, à la tête du 9ᵉ corps.

Quant aux ouvrages extérieurs, ils sont formidables. Au moment de la déclaration de guerre, en 1870, nos défenses inachevées se composaient, sur la rive droite de la Moselle, des forts Saint-Privat et Queuleu, du fortin des Bordes et du fort Saint-Julien. Sur la rive gauche, s'élevaient les forts du Saint-Quentin et de Plappeville. Plusieurs de nos généraux, suivant l'exemple donné par le général Ducrot en 1867, à Strasbourg, avaient dénoncé au ministère de la guerre l'insuffisance de la ligne des forts. Le Saint-Quentin était mal établi, le fortin des Bordes ne suffisait pas à boucher la trouée entre le Saint-Julien et le Queuleu, le Saint-Privat était dominé à courte distance.

Ici, comme à Strasbourg, l'état-major allemand a profité des leçons de l'expérience et n'a pas perdu de temps pour les mettre en pratique. Il a construit les forts du camp retranché d'après le nouveau système et a su tirer parti, on doit le reconnaître, des moindres avantages de position.

Sur la rive gauche de la Moselle, notre pauvre ouvrage, collé au flanc oriental du mont Saint-Quentin, a été remplacé par deux forts d'une importance exceptionnelle auxquels le prince Frédéric-Charles et le général Manstein ont donné leurs noms. La montagne tout entière est une forteresse sur une longueur de plus de 1,500 mètres. Les défenses occidentales regardent le village de Lessy, à plus de 4 kilomètres à vol d'oiseau du fort Moselle. Le mont Saint-Quentin a 350 mètres d'altitude. Ses batteries peuvent envoyer leurs projectiles au sud jusqu'à Ars-sur-Moselle, qui n'est qu'à 11 kilomètres de Pagny, frontière française actuelle. Les forts Prince-Frédéric-Charles et Manstein commandent les routes de la vallée de la Moselle et le chemin de fer de Nancy, au sud, la route et le chemin de fer de Verdun, à l'ouest.

Le fort de Plappeville, qui complétait la défense de la rive gauche, est devenu le fort Avensleben. Il commande le chemin d'Amanvilliers, la route de Briey, par Woippy, et le chemin de fer de Thionville. La nouvelle frontière passe à 12 kilomètres environ à l'ouest.

Je viens de dire que le fort Avensleben complétait la défense de la rive gauche. En effet, les Allemands avaient cru jusqu'ici que l'immense développement donné aux ouvrages du Saint-Quentin et de Plappeville suffisait pour attendre une attaque venant de l'ouest et braver toute entreprise sur Metz, mais à la suite du voyage de M. de Moltke, en septembre, ils ont changé d'avis. Entre le fort de Plappeville, sur la rive gauche, et le fort Saint-Julien, sur la rive droite de la Moselle, il y a près de 7 kilomètres. Cette trouée au nord, quoique couverte en seconde ligne par le fort Moselle et les défenses de l'île Chambière qui balaient au loin la vallée, a semblé dangereuse au feld-maréchal.

On va donc construire un grand fort en plaine, près du village de Saint-Éloi, entre la route de Thionville et la Moselle, à 2,300 mètres au nord du fort Moselle, 4,800 à l'est du fort Plappeville et 3,300 à l'ouest du fort Saint-Julien.

Sur la rive droite de la Moselle, le nouveau fort Saint-Julien ou fort Manteuffel commande la route de Bouzonville, par Kédange. Le fortin des Bordes est devenu un gros ouvrage, sous le nom du général Zastrow, et commande la route de Sarrelouis. Le fort Queuleu, qui n'est qu'à 2,800 mètres au sud de celui-ci, est devenu très puissant et s'appelle Gœben. Notre ancien Saint-Privat, fermant la ligne de défense au sud, baptisé Auguste de Wurtemberg, s'est installé sur le mont Saint-Blaise. Ai-je besoin de dire que les voies de communication ont été multipliées ; que les défenses sont prolongées hors ouvrages ; que l'approvisionnement en vivres et munitions est immense ?

Les sommes enfouies dans ces travaux, beaucoup plus coûteux que ceux de Strasbourg, sont incalculables. Faut-il être convaincu qu'on lutte contre la vérité historique et géographique, contre le droit, pour descendre la pente des déficits avec cet entêtement ? Quelle peur de l'avenir dans ces précautions multipliées à l'infini et que le caprice des événements peut déjouer !

Le camp retranché de Metz a 25 kilomètres de tour. Il englobe, avec la ville et ses faubourgs populeux, douze communes importantes. M. de Moltke a fixé au chiffre de 32,000 hommes la garnison sur pied de guerre.

Nous avons vu que Metz est le point central d'un grand nombre de lignes ferrées. Elle est nouvellement reliée à Strasbourg par une ligne directe qui la met également en prompte relation avec la Haute-Alsace par la ligne Saverne-Schelestadt. On vient également de décider l'établissement d'une voie de plus sur le chemin direct qui met en communication Metz et Berlin, dans son parcours sur la rive gauche du Rhin.

CHAPITRE XI.

J'ai consacré deux longues journées à la visite des champs de bataille autour de Metz, dans une excellente voiture, en compagnie d'un habitant de la ville. Nous avons été favorisés par un superbe temps d'automne qui nous permettait d'embrasser de larges morceaux d'horizon et de ne négliger aucun détail.

Les touristes français ou étrangers qui se proposent de parcourir ces immenses ossuaires se bornent d'ordinaire à la tournée qui comprend la ferme de la Folie, Amanvilliers, Sainte-Marie-aux-Chênes, Saint-Privat-la-Montagne. Le théâtre de la lutte désespérée engagée le 18 août et que nous appelons Gravelotte, tandis que les Allemands la dénomment Saint-Privat, est, en effet, plus facile à saisir pour des personnes étrangères aux choses militaires, plus mouvementé, plus compréhensible.

C'est une bataille défensive en ce qui concerne l'armée française. Les Allemands sont seuls à manœuvrer. La lutte commence, acharnée, extraordinairement sanglante; elle se prolonge, et les positions sont victorieusement maintenues. Mais les Allemands, après avoir vainement tenté de culbuter notre aile droite avec la garde que détruit presque entièrement le 6ᵉ corps, renouvellent leur attaque avec le 12ᵉ corps saxon et réussissent à déborder notre aile droite, malgré les prodiges d'énergie du maréchal Canrobert, nous rejetant sur Metz, pendant que la garde impériale, que l'homme néfaste, Bazaine, a refusé de faire donner, est restée massée derrière notre aile gauche, au pied du Saint-Quentin, en communication avec la place.

Un *cicerone* intelligent guide le touriste sur ces positions, et le nombre véritablement effroyable des *tumuli*, des monuments funèbres, des colonnes, des croix répandues sur les coteaux, comme des fleurs au milieu des prés, suffit pour évoquer le souvenir de cette lutte désespérée dans laquelle plus de 30,000 hommes restèrent sur le carreau et qui décida du sort de l'armée de Metz.

Eh bien ! cette triste excursion ne m'inspire pas les pensées désespérantes qui me viennent en foule à l'esprit, quand je parcours le théâtre beaucoup plus éloigné de la bataille engagée le 16 août à Rezonville ; bataille à grandes manœuvres, dont la mollesse du commandant en chef a fait une bataille indécise, suivie le lendemain d'une retraite volontaire qui a permis à l'Allemand de se dire victorieux. Ne l'était-il pas, en effet, puisqu'il atteignait, du consentement de son adversaire, le but de son entreprise ; puisqu'il marquait ainsi la première et la plus difficile étape de l'investissement de Metz? Un sourire de la fortune, une bonne inspiration du commandement, une perception plus nette des vues de l'ennemi pouvaient faire de cette bataille glorieuse quoique indécise une grande et décisive victoire et changer définitivement la face des choses.

C'est là, sur le théâtre de cette lutte, que je me suis fait conduire d'abord. Il faut parcourir cette route de Verdun, depuis Gravelotte jusqu'à Mars-la-Tour, en passant par Rezonville et Vionville; il faut descendre ensuite de Vionville vers Gorze, par les ravins, pour se rendre compte de l'énergie désespérée de la lutte, de la résolution des chefs allemands qui poussaient tout le jour des régiments entiers dans la mort, de l'indomptable courage des soldats français.

Quel cimetière ! Partout des croix allemandes sur de longs charniers. Chaque dépression de terrain, chaque position a été marquée par des hécatombes.

C'est entre Rezonville et Vionville qu'on est le mieux placé pour évoquer le souvenir du 16 août 1870, comprendre la bataille, la revoir avec toutes ses péripéties.

Nous avons suivi la route de Verdun, par Manheulles, que le maréchal Bazaine avait résolu de faire parcourir au 2ᵉ et au 6ᵉ corps, pendant que les 3ᵉ et 4ᵉ devaient prendre celle de Verdun par Conflans-en-Jarnisy. Nous avons traversé Moulins-lès-Metz gravi la côte de Genivaux; descendu dans la vallée de la Mance et laissé Gravelotte derrière nous. A Rezonville, nous nous sommes arrêtés. C'est ici que le 2ᵉ et le 6ᵉ corps ont campé le 15 août, après être partis trop tard de Metz. On n'avait ainsi parcouru que 17 kilomètres. A cette heure même et pendant que les autorités civiles prévenaient le maréchal Bazaine que des mouvements de troupes considérables avaient lieu sur les rives de la Moselle, l'avant-garde du 3ᵉ corps allemand occupait les bois de la *Haie-Notre-Dame* et de la *Côte-Fusée*, le 10ᵉ corps arrivait à Thiaucourt, sur la route de Pont-à-Mousson à Verdun, par Manheulles.

Camper, le 15 au soir, quelques kilomètres plus loin, à Vionville et à Mars-la-Tour, en faisant garder sur la gauche les ravins de Gorze, c'était le salut pour l'armée française. Mais, en ce temps-là, personne n'était jamais prêt à partir, et, quant à se garder du côté de l'ennemi signalé, on n'y prenait garde. On a laissé l'armée allemande gravir des flancs de précipices si abrupts ; s'engager dans de tels chemins qu'un bataillon de grand-garde y aurait arrêté une division, et, maintenant, elle a pris pied sur le plateau, elle s'y cramponnera pour donner le temps aux renforts d'arriver, et nous nous efforcerons en vain de la précipiter dans les ravins d'où elle est sortie. L'action s'engagera par une surprise.

CHAPITRE XI.

Voilà bien les positions. Ici, à Vionville, la cavalerie des généraux Valabrègue et de Fortou, bien à son aise dans les rues du village, les cours des fermes, les maisons, les bouquets de bois, attend des ordres. Elle éclaire l'armée, mais ne s'éclaire pas elle-même. Pas une vedette sur ces chemins vicinaux qui franchissent pourtant, à courte distance, des ondulations derrière lesquelles l'ennemi nous guette. Et ces bois au loin à gauche, ont-ils été fouillés ? Non !

« Voyez, nous a dit un paysan, après nous avoir montré vingt trous d'obus, maintenant bouchés, dans le mur de son jardin, c'est par là, par le chemin de Tronville que la danse a commencé. Les obus sont arrivés sans qu'on s'en soit méfié. Il y en avait des hommes et des chevaux par terre, avant que les cavaliers aient pu seulement se mettre en selle !

— Vous étiez là ?

— Oui ! mais je n'y suis pas resté longtemps. Ah ! les démons, ils avaient bien machiné leur affaire, allez ! La cavalerie ne s'était pas plutôt rabattue sur Rezonville que les uhlans étaient chez nous, et qu'une masse énorme de troupes d'infanterie courait s'installer ici, tenez, en avant du bois, face à Rezonville et au chemin de Saint-Marcel ; c'est par là que j'étais parti avec notre charrette pour gagner Vernéville. »

En effet, le 3e corps, commandé par le général

Avensleben, avait exécuté ce mouvement avec un ensemble merveilleux. Le 2e corps français, général Frossard, lui faisait face. Cette ligne de tombes marque le premier combat sérieux de la journée, entre le bois de Vionville et les dépressions en avant de Rezonville, à gauche de la route de Verdun, les Français faisant face à la fois au sud et à l'ouest. De l'autre côté de la route, le 6e corps s'était déployé à son tour, face au 10e corps allemand qui avait prolongé la gauche des troupes déjà engagées.

Une action terrible commence, si meurtrière que le 2e corps et le 6e perdent, entre onze heures et une heure, plus de 8,000 hommes. Le corps Frossard, écrasé, cède pendant que le 6e et la brigade Lapasset tiennent bon. Comment combler ce vide? On y jette de la cavalerie, mais les Allemands s'avancent vers Rezonville. Cet effort est marqué là, en avant du village, par ces *tumuli*. Ils n'iront pas plus loin, car les grenadiers de la garde, sous la conduite de Bourbaki, ont relevé le 2e corps et tiennent Rezonville.

Le combat change de face. Canrobert déborde les Allemands sur leur gauche et gagne du terrain. Ceux-ci attendent des renforts, pendant que les deux corps français, Lebœuf d'abord, Ladmirault ensuite, engagés sur la route de Conflans, ont accompli leur conversion et, marchant au canon, arrivent sur le théâtre de l'action. Les Allemands sont maintenant secourus par trois divisions, mais les choses ont changé de face : on reprend Bruville, Saint-Marcel, on rejette l'ennemi sur Tronville, son point de départ du matin. C'est en vain que Frédéric-Charles lance sur le corps Ladmirault un torrent de cavalerie, celui-ci tient bon. Sur notre gauche, deux corps allemands, les 7e et 8e, qui essayent à leur tour de déboucher du ravin d'Ars et du bois des Ognons, sont repoussés avec des pertes énormes. Oh ! cette lisière du bois, comme elle est semée de tombes !

Les deux armées s'étaient arrêtées épuisées. Quel désordre, la nuit, dans les rangs de l'armée allemande ! Il suffit, pour s'en convaincre, de suivre la ligne de ses bivouacs. Elle n'avait conquis nulle part la route de Verdun, et, sur certains points avait perdu pied. On se souvient à Gorze, où Frédéric-Charles plaça son quartier général, des anxiétés de l'état-major. A onze heures, le prince n'était pas encore en rapport avec toutes ses divisions. Il demandait des renforts immédiats, dût-on exiger des troupes des tours de force.

Sur ces plaines que nous venons de parcourir et des deux côtés de la route de Verdun, de Gravelotte à Mars-la-Tour, 40,000 hommes morts ou blessés sont tombés, dont 23,000 du côté des Allemands. Ils ont perdu plus du quart de l'effectif engagé, dans ce combat acharné de dix heures, et sans résultat, puisqu'ils n'ont pas enlevé la route de Verdun à l'armée française. Un grand effort, le 17 août au matin, et nous étions sauvés. Mais il fallait frapper aussi vite que possible ce coup vigoureux. Bazaine s'y refusa.

Nous dûmes enfin nous arracher à ce lamentable spectacle, quitter ces monuments funèbres, ces colonnes élevées à la mémoire de bataillons entiers disparus dans la tourmente, ces pyramides sous lesquelles reposent côte à côte des centaines d'officiers dont les noms sont gravés dans la pierre, ces croix de bois blanc aussi serrées sur certains points que les tombes dans nos cimetières, ces longues tranchées au-dessus desquelles l'herbe pousse si drue et si verte.

Revenons à Vionville et prenons le chemin de Gorze. On traverse le long plateau sur lequel l'armée allemande a pris pied le matin du 16 août. C'est ici que l'étonnement s'empare du voyageur. Derrière ce plateau, encore semé de *tumuli*, il y a le vide, des ravins entre-croisés, aux versants couverts de bois sombres et touffus, des chemins presque impraticables, étroits comme des lits de torrents. Sur le flanc des précipices, un enchevêtrement de futaies impénétrables, de ruisseaux tortueux.

CHAPITRE XI.

Ce ne serait rien encore si ces chemins aboutissaient à une ligne de retraite ; mais, derrière les positions allemandes, depuis le bois des Ognons jusqu'à Tronville, les ravins dominés par le plateau conduisent à la Moselle. Le pont suspendu de Novéant à Corny était la seule ligne de retraite. Qu'on songe à ce qu'aurait été un refoulement des forces allemandes vers les vallons. Pour nous rendre de Vionville à Gorze, il nous a fallu descendre de voiture et marcher le long d'un sentier difficile.

Aussi, quelle activité dans la nuit qui suit la bataille ! Le prince de Wurtemberg avec la garde prussienne a parcouru, de Bernecourt à Hannoville au passage, 30 kilomètres en moins de dix heures pour arriver le 17, dans l'après-midi, prolonger l'aile gauche de l'armée engagée dans la journée du 16 août.

Gorze est un gros village, propre, coquet, bien abrité, chef-lieu de canton de 1,800 habitants au moment de l'annexion, vieille cité gallo-romaine, belle ville au moyen âge et siège d'une riche abbaye bénédictine. Ses abbés étaient princes et battirent monnaie jusqu'à la fin du xvi° siècle. Elle fut cédée à la France en 1661, par le traité de Vincennes. J'ai bien souvent parcouru cette contrée dans mon enfance ; grimpé aux ermitages de Saint-Clément ou de Saint-Thiébaut d'où l'on découvre tant de vallons fertiles ; fouillé ces bois sombres qu'égaie le murmure de ruisseaux aux ondes si claires. Ah ! l'Allemagne, qui y pensait dans ce temps-là ! Il y avait bien quelques vieillards qui, par les soirs d'été, assis le long des vergers, sur les bancs de pierre, au milieu d'une jeunesse attentive, racontaient l'histoire des corps francs lorrains de 1814, mais c'était tout. Cette population laborieuse, économe, l'une des plus paisibles de la France, tirait parti de ce bien suprême : la paix. Ses ancêtres, les gardiens du vieux château fort, n'avaient-ils pas assez guerroyé ?

C'était, il m'en souvient, l'un des coins les plus riches de la Lorraine, renommé par ses vins, Pagny et Thiaucourt sont les premiers crus du pays, et le centre commercial d'une région prospère. Les porte-balles de Trèves et de Luxembourg ne venaient pas jusque-là. On n'y avait jamais rencontré aucun Allemand. Un beau jour, Gorze a vu des masses d'ennemis passer le pont de Corny que Bazaine s'était refusé à faire sauter et encombrer ses ravins. Elle a entendu tout un jour l'effroyable canonnade de Rezonville, tressailli d'espérance en voyant le soir des convois sans fin de blessés hagards et, aux heures tardives de la nuit, tout un état-major de princes et de généraux anxieux. Elle s'est réveillée prussienne.

CHAPITRE XI.

Gorze a tout perdu par l'annexion. La contrée dont elle était le chef-lieu de canton est restée en majeure partie française. Une douane s'y est établie et le tiers de la population s'en est allé. Quatre ou cinq douaniers, deux employés, deux gendarmes, un garde-champêtre, un policier, le maître d'école sont seuls à parler allemand. Encore ces nouveaux venus, dans ce pays si français, ont-ils été contraints d'apprendre la langue des vaincus. J'ai pu m'en rendre compte en demandant à l'un des gendarmes quelques renseignements qu'il m'a fournis, sans trop estropier la grammaire.

La tyrannie bureaucratique ne s'en exerce pas moins ; car, ici, sur la frontière, la méfiance des autorités allemandes est toujours en éveil. La France n'est pas à une heure de marche. Les aubergistes sont mis à l'amende, sans pitié, s'ils ne s'empressent pas de dénoncer à l'autorité l'arrivée de tout voyageur que ses allures militaires autorisent à prendre pour un officier de notre armée. Le fait s'est récemment produit à la suite d'une tournée entreprise dans le pays par deux voyageurs à moustaches venant de Toul. Les débitants se vengent de la police en lui signalant tout voyageur boiteux, manchot ou cacochyme qui s'aventure en ces parages.

Le cimetière de Gorze est semé de tombes d'officiers français et allemands. Parmi les premières, j'ai remarqué celle du commandant Guichard, du 66ᵉ régiment d'infanterie de ligne. La municipalité et les habitants entretiennent soigneusement ces monuments qui se dressent au milieu des fleurs. C'est un culte que j'ai retrouvé partout dans mes excursions aux champs de bataille. Et les impressions sont vives quand on voit, au milieu de villages que le canon avait détruits, Rezonville, Vionville, Bruville, reposer côte à côte dans le cimetière, vainqueurs et vaincus, sous la garde de ceux que ces luttes ont ruinés !

Les habitants de Gorze et des villages voisins ont gardé de ces journées de sang un souvenir si poignant qu'une tristesse grave obscurcit encore leur front. Bon nombre de femmes ont pris instinctivement le deuil et ne l'ont plus quitté. C'est que dans l'histoire on ne trouve pas d'exemples d'un pareil fourmillement de soldats. La masse des corps allemands a passé par ici comme une avalanche, accourant haletante vers les champs de bataille. Tout s'est décidé là-haut sur ces plateaux, là-bas sur ces montagnes. Ces ouragans de fer des 16 et 18 août ont couché sur le terrain 70,000 hommes, la population en état de porter les armes d'une ville d'un million d'âmes. Nous nous sommes fait raconter ces événements par des paysans. Quelles scènes lamentables sur toutes ces routes, dans ces rues de village, pendant la nuit du 16 au 17 août. D'immenses convois de blessés encombraient les chemins, et les médecins ne suffisaient pas. On se bornait à amputer par les procédés les plus sommaires et des cris effroyables se faisaient entendre de tous côtés.

A Novéant-sur-Moselle, station du chemin de fer de Metz, sur la rive gauche de la Moselle où l'on descend en une demi-heure de voiture par un joli vallon, tapissé de prairies d'un vert éclatant, qu'arrose le joli ruisseau de Gorze, la situation est la même. Les vingt Allemands en résidence passent leur vie dans une brasserie germanique voisine de la gare. Leur amour-propre national a beau s'exercer par le nombre des chopes absorbées, leur consommation ne suffit pas à faire vivre le buvetier qui, venu d'Allemagne avec quelques sous, y retournera ruiné sans avoir vu s'asseoir à ses tables un seul habitant du village. On ne boit que du vin dans ce joli coin de la Lorraine, un vin léger et capiteux tout à la fois, marqué par un goût de terroir, qu'il doit aux pierrailles des coteaux.

On rentre de Novéant à Metz par une jolie route, que dominent, à gauche, les coteaux d'Ancy et de Jouy-aux-Arches, où se dressent les piles de l'ancien aqueduc romain qui amenait à l'antique *Divorodu-num* les eaux de Gorze. On traverse enfin Ars-sur-Moselle. A l'entrée de tous ces villages brille la plaque indicatrice du district, du cercle, du canton et de la compagnie de landwehr auxquels appartiennent les habitants.

Le lendemain, je me suis fait conduire sur le champ de bataille du 18 août. On suit encore la route de Verdun, mais seulement jusqu'au delà de Rozerielles. C'est sur les crêtes voisines qu'était établi, couvert par des tranchées-abris, le 2º corps d'armée commandé par le général Frossard.

Montant vers le nord, on visite les fermes de Moscou, de Leipzig et de la Folie, position du 3º corps (Lebœuf), puis Montigny-la-Grange et Amanvilliers qu'occupait Ladmirault avec le 4º corps, et enfin Saint-Privat et Roncourt, où se tenait le 6º corps (Canrobert). C'était un front de bataille de 10 kilomètres. La gauche, protégée par le Saint-Quentin, était impossible à déborder. L'objectif des Allemands était d'ailleurs de nous rejeter sur Metz, et non de nous couper de la place. L'attaque principale et la tentative de débordement, suivant la tactique ordinaire de M. de Moltke, devant fatalement s'opérer sur l'aile droite, c'est à-dire sur Roncourt et Saint-Privat-la-Montagne. Or la garde impériale était placée comme réserve entre les forts Plappeville et Saint-Quentin, à 10 kilomètres de Roncourt. Toute la bataille est expliquée par ces quelques mots. Bazaine était attiré vers Metz et les Allemands le poussaient vers la place. Même objectif au fond, des deux côtés.

A quoi bon décrire les incidents de cette lutte homérique. Ils sont encore présents à la mémoire de tous les Français. Maîtres de toutes les positions jusqu'à six heures et demie, vainqueurs sur toute la ligne après l'écrasement de la garde prussienne à Saint-Privat-la-Montagne, il semble que la journée est définitivement à nous. L'état-major allemand, en prévision d'une retraite, donne l'ordre de dégager les ponts d'Ars et de Corny sur la Moselle, quand un nouveau corps d'armée, le 12e saxon, attaque les positions de Canrobert. Quelques bataillons frais, empruntés à la réserve, et le 12e corps trouvera son tombeau sur ces pentes, comme la garde; mais ces renforts n'arrivent pas, et malgré des prodiges de courage, malgré la sauvage énergie du commandant en chef, Roncourt et Saint-Privat tombent aux mains des Allemands.

Ces coteaux ont été arrosés du sang de 30,000 hommes. Ces sentiers, ces avenues, ces fermes, ces bouquets de bois sont littéralement couverts de tombes plus pressées encore qu'entre Tronville, Rezonville et Mars-la-Tour.

Je voulais rentrer à Strasbourg assez à temps pour assister aux derniers préparatifs des fêtes, à l'arrivée de l'empereur Guillaume. Cette fois, j'ai pris l'ancienne ligne de Metz à Strasbourg par Faulquemont, Saint-Avold, Sarreguemines et Niederbronn. J'ai pu, de cette façon, visiter le champ de bataille de Wœrth, Reichsoffen, Frœschwiller, Elsashausen; ces lieux témoins de tant d'actes d'héroïsme, où un seul régiment, le 3ᵉ zouaves, perdit 47 de ses officiers sur 67. Je me suis arrêté au pied du monument funèbre élevé par l'Alsace à nos soldats, je me suis appuyé à la grille qui entoure l'arbre de Mac-Mahon, j'ai gravi la colline de Gunstett et visité tous ces villages auxquels la petite armée française s'est cramponnée tout le jour, écrasée d'heure en heure par les feux de nouveaux ennemis, fatiguée de tirer, sans espoir de secours, soutenue seulement par l'énergie du commandement.

Je me représentais les incidents de cette lutte désespérée et la charge légendaire des cuirassiers du général Bonnemains, puis, là-bas sur cette route de Saverne, la débandade de l'armée, le sauve-qui-peut général, l'indiscipline sans frein, le pêle-mêle d'une armée morte. Douze régiments d'infanterie de ligne, trois de zouaves, trois de turcos, sept de cavalerie, s'en allaient ainsi dans la nuit, payant par cette retraite folle l'héroïsme déployé par eux dans une lutte disproportionnée contre la grande armée du prince royal de Prusse.

CHAPITRE XII

Préparatifs pour la réception de l'empereur Guillaume. — Installation des appartements princiers. — Princes allemands et personnages de la suite. — Les attachés étrangers. — L'enthousiasme au rabais. — Aspect de la ville et dispositions des habitants. — Arrivée de l'empereur. — Le défilé des princes. — *Notre Fritz*. — L'impératrice Augusta. — M. de Moltke. — Le diner de gala.

Dès que je fus rentré à Strasbourg, après de nouveaux pèlerinages à Wissembourg et à Haguenau, je dus m'occuper de la question de domicile. Mon modeste logement s'était trouvé du goût d'un des nombreux officiers d'ordonnance envoyés en fourriers pour préparer la réception *enthousiaste* de l'empereur Guillaume. Il me fallut accepter une mauvaise chambre donnant sur une cour. Sans l'obligeance d'un capitaine d'état-major français, dont l'oncle avait été mon lieutenant-colonel en Afrique, je n'aurais pas eu de place pour voir défiler le cortège. Cet obligeant *gentleman* mit à ma disposition l'une des fenêtres de l'appartement dont il s'était dès longtemps assuré la possession. Je ne puis mieux faire que de lui en exprimer ici toute ma gratitude.

C'est que l'administration n'y allait pas de main morte. Elle s'était mise en tête de faire acclamer le vieil empereur et ne négligeait rien pour arriver à ce résultat. Les souvenirs des précédents voyages n'étaient pas des plus encourageants; mais ne pouvait-on profiter de l'expérience acquise, éviter d'anciennes erreurs, soigner les *trompe-l'œil?*

Il s'agissait cette fois, non seulement d'abuser l'empereur Guillaume lui-même sur la réalité des sentiments alsaciens-lorrains, mais encore de persuader aux nombreux attachés militaires à la suite de l'état-major, aux représentants de la presse allemande, aux voyageurs attirés de tous les points de l'horizon, par ce spectacle exceptionnel que le pays d'empire acceptait avec reconnaissance la mise en vigueur des institutions nouvelles votées par le Reichstag.

Tout se préparait donc avec l'entrain le plus louable pour la réception de l'empereur Guillaume, c'est-à-dire que le monde officiel allemand se remuait le plus possible. On mettait luxueusement à neuf les appartements princiers de l'ancienne préfecture française au pied de laquelle s'élève encore la statue du préfet Lezai-Marnesia. On y aménageait les logements des gens de service, on établissait des écuries neuves pour les deux cents chevaux de l'état-major. C'est là que devaient descendre l'empereur et l'impératrice. Des appartements particuliers avaient été préparés pour la grande duchesse de Bade Louise-Marie-Élisabeth leur fille, accompagnée de sa dame d'honneur, la baronne de Schönau, pour le général comte Lehndorf, le maréchal du palais comte de Perponcher, les secrétaires d'État Kanski, Artell et Pahl, et pour les comtesses dames du palais de Hacke, de Brandenburg et de Munster.

Il peut être intéressant de savoir quelle suite emmène avec lui un empereur d'Allemagne. Outre les personnages dont je viens de citer les noms, on attendait avec l'empereur et l'impératrice et dans leur suite personnelle : le général de cavalerie comte de Goltz, le commandant en chef du 14ᵉ corps d'armée allemand d'Obernitz, les généraux-adjudants baron de Steinaycker et d'Albedell, le général à la suite prince de Radziwill, les lieutenants-colonels de Winterfeld et de Lindequist, le major comte d'Arnim, les médecins, les écuyers, les déchiffreurs, les employés du cabinet militaire sous les ordres du lieutenant-colonel de Brauchitsch, ceux du cabinet civil avec leur chef, le conseiller de cabinet de Wilmonski, le conseiller de légation de Bulow, plusieurs dames du palais.

On avait été contraint de loger tout ce monde un peu partout, notamment dans les hôtels de la ville de Paris, de la Maison-Rouge, de l'Europe. En effet, le nombre des princes régnants ou non régnants, impériaux ou royaux, allemands ou étrangers, attendus à Strasbourg, était tel, que tous les palais administratifs ou municipaux, tous les hôtels dignes de recevoir de pareils hôtes avaient été réquisitionnés. Afin de ne pas embarrasser mon récit, je me hâterai d'en donner la curieuse nomenclature.

Le prince impérial et royal Frédéric-Guillaume était attendu chez le général de Fransecky au palais de la commandature, avec ses cinq officiers sous les ordres du colonel Mischlke, chef d'état-major de la 4° inspection d'armée. Le grand-duc de Bade recevrait l'hospitalité chez Mgr Raess, au palais épiscopal avec son premier aide de camp le major d'Obernitz. Le grand-duc de Meklembourg-Schwerin prendrait ses quartiers à la présidence supérieure, le prince royal de Suède à l'hôtel de ville, le prince Guillaume de Prusse à la Division, le prince Charles de Prusse chez le lieutenant-colonel de Scholten, le prince Frédéric-Charles au Gouvernement, le prince Albrecht de Prusse chez le baron d'Oberlander, le prince Georges de Saxe chez le docteur Wasserfuhr, le prince Henri de Hesse chez le baron de Bibra, le duc Paul de Mecklembourg-Schwerin à la Présidence.

Ces onze princes amenaient avec eux leurs officiers. Mais ce n'était là que la plus faible partie de l'état-major attendu. Il me suffira de citer parmi les personnages les plus importants le comte de Moltke, le ministre de la guerre de Kamecke, le commandant en chef du 6ᵉ corps de Tümpling, le général de Podbielski, inspecteur de l'artillerie[1], le général de Biehler, inspecteur du génie, les généraux de Witzendorf, Schkopp, de Dresky, de Drigalski, le général de Thann, commandant en chef du 1ᵉʳ corps d'armée bavarois, et le ministre de la guerre de Bavière, général de Maillinger.

Les puissances étrangères avaient délégué un grand nombre d'officiers, parmi lesquels je citerai le major belge Brewer, l'attaché militaire chinois Tscheng-ki-Tong, le duc de Manchester et le général Hardinge pour l'Angleterre, le général japonais Takashima, le commandant de la 16ᵉ brigade d'infanterie italienne, général Olivero, le lieutenant-colonel autrichien prince de Lichtenstein, le lieu-

---

1. Décédé à Berlin au commencement de novembre.

tenant-général Skobeleff, commandant en chef du 4ᵉ corps d'armée russe; le ministre de la guerre saxon de Fabrice, l'attaché militaire suédois major Duc, le lieutenant-colonel suisse Ulrich Meister, l'attaché militaire espagnol lieutenant don Manuel Sylvela y Cassado, le colonel turc Sabit-Bey, le ministre de la guerre de Wurtemberg de Wundt.

En comprenant les officiers de grade inférieur, la suite de l'empereur se composait de cent soixante-dix personnes. Il n'est pas douteux que le gouvernement allemand voulait donner aux manœuvres d'Alsace-Lorraine, à la grande revue de Kœnigshoffen, à la tournée politique et militaire, dans le pays d'empire, une importance exceptionnelle. En effet, outre le feld-maréchal de Moltke, tous les inspecteurs d'armée et d'armes spéciales, se trouvaient réunis autour de l'empereur, ainsi que les ministres de la guerre de tous les États de la Confédération. Ce voyage devait être une sorte de prise de possession définitive.

En attendant, on confectionnait par milliers les étendards prussiens aux trois couleurs, ces drapeaux dont la large bande noire signifie, selon l'expression imagée d'un poète d'outre-Rhin, « la mort de la liberté allemande et la fourberie des Hohenzollern »; on pavoisait complètement la gare dont toutes les voies, sauf une, celle de l'arrivée, étaient recouvertes d'un plancher mobile tendu de tapis moelleux ; on entassait aux abords de ce monument les arbustes des promenades publiques ; on sablait les rues par où devait passer le cortège ; on plantait des mâts sur le parcours ; on envoyait tous les agents de l'administration chez les débitants et employés pour les contraindre à arborer les couleurs allemandes. Les six cents musiciens militaires désignés pour parcourir aux flambeaux les principales artères de la ville et pousser sous les fenêtres du Nestor des souverains d'Europe les sauvages hourrahs d'ordonnance répétaient du matin au soir l'hymne national : « Sois heureuse, ô Majesté couronnée par la victoire ! »

Au théâtre, grand émoi ; la représentation de gala est proche, le compliment de circonstance n'est pas encore sur pieds. Quelle superbe solennité ! Le théâtre réservé aux employés et aux officiers sera rempli, de l'orchestre à l'amphithéâtre, de représentants de toutes les sous-variétés du monde germanique. Strasbourg seule n'y figurera pas. Peut-être M. Schnéegans et M. North se faufileront-ils dans les couloirs en relevant le collet de leur habit. Voilà tout, et c'est peu.

Quelques Strasbourgeois invités au dîner de l'em-

CHAPITRE XII.

pereur par l'entremise du comte de Perponcher, grand-maître du palais, ont renvoyé leurs cartes, en termes secs et polis. Tout ce que l'Alsace compte de notabilités politiques, industrielles, commerciales, part pour le Hohwald ou Sainte-Odile. Le député de Strasbourg, M. Kablé, voyage sur les bords du Rhin. Ceux que leurs affaires retiennent en ville se confineront au fond de leurs appartements. Il n'y aura de Strasbourgeois, ni sur le passage de l'empereur, ni à la parade d'honneur. M. de Mœller sait que l'accueil sera beaucoup plus froid que l'an dernier; il ne se gêne pas, paraît-il, pour le laisser entendre aux gens qui l'entourent. Le réveil de l'opinion s'est tellement affirmé depuis quelques mois, qu'un des fonctionnaires de la police disait récemment dans un endroit public à l'un de ses confrères lorrains : « Je ne sais si la même chose se produit à Metz, mais on dirait que ces satanés Alsaciens, qui semblaient avoir perdu l'espoir de redevenir Français, s'accrochent plus que jamais aujourd'hui à l'idée que l'état de choses actuel ne durera pas. »

La police ne sait vraiment où donner de la tête. Elle se butte contre une inertie de plus en plus marquée. Mais elle essaye, à force d'activité et d'adresse, de conjurer le mal.

Aidée par la nuée d'agents arrivés de Berlin, elle

enrôle à Manheim, à Bade, à Carlsruhe, dans les communes voisines de Kehl, de nombreuses escouades de *citoyens enthousiastes.*

Le matin du grand jour, le 18 septembre, j'ai vu de mes yeux une quinzaine de trains amener ces engagés à *quatre marcks* par jour. On était en plein coup de feu. Les 113e et 114e régiments avaient passé le Rhin et étaient venus tenir garnison à Strasbourg pendant que le 15e corps manœuvrait. D'autre part, quinze cents soldats isolés accourus de Rastadt et d'ailleurs, en permission avec billets de logement et argent en poche, avaient ordre de grossir la foule militaire. Ils se dirigeaient vers les rues où devait passer le cortège, après avoir reçu de leurs chefs l'injonction de tirer le sabre au moindre cri séditieux.

Les engagés civils étaient divisés en escouades de dix ou douze individus qui, dirigés, à leur descente de chemin de fer, vers des débits de boissons différents, s'y abouchaient avec des hommes munis de planchettes fixées à un bâton sur lesquelles on lisait : Colmar, Haguenau, Molsheim, Schirmeck, etc... Quels étaient ces chefs de bande? Les quelques fonctionnaires, employés et commerçants allemands fixés dans ces résidences, et dont l'administration grossissait le nombre par l'adjonction de comparses soldés.

CHAPITRE XII.

Cependant, comme on ne crée pas une foule, les figurants devaient forcément être clairsemés et se transporter d'un endroit à l'autre.

J'ai parcouru la ville le matin de l'entrée solennelle. Elle était absolument vide, sauf dans les rues où devait passer l'empereur. Les Strasbourgeois s'entretenaient des injustices commises, des exactions de la police, du sans gêne des officiers déjà arrivés. La question des drapeaux n'était pas la moins vivement débattue. Bon nombre de propriétaires avaient voulu s'opposer à l'élévation de trophées le long de leurs immeubles par des locataires allemands, ou même par des officiers installés chez eux par réquisition. Ils avaient eu le dessous dans cette lutte. De cette façon, d'immenses maisons possédées par des Strasbourgeois patriotes avaient été ornées de drapeaux prussiens partant d'une fenêtre quelconque de leur quatrième étage, et assez longs pour venir balayer le sol. Je citerai comme exemple un immeuble, appartenant aux parents de M. Stern, le célèbre graveur du passage des Panoramas. Il n'en fallut pas plus pour faire désigner par un reporter français, cette honorable famille comme absolument inféodée aux Allemands.

Les établissements publics avaient été menacés de fermeture immédiate, s'ils n'arboraient des drapeaux. Beaucoup d'entre eux ont refusé, et l'administration n'a pas osé sévir. D'autres s'en sont tirés en arborant les pavillons d'Alsace-Lorraine rouge et blanc. Ceux-ci étaient aussi nombreux que les drapeaux prussiens étaient rares.

On avait également trouvé moyen de mécontenter la ville par la façon dont on avait imposé les logements militaires. Chaque officier supérieur s'était fait délivrer, par l'administration municipale, un logement complet avec salon. Les Strasbourgeois, qui reculaient devant la corvée d'héberger sous leur toit ces traîneurs de sabre, avaient loué, pour eux, selon l'usage, des appartements garnis, croyant satisfaire ainsi à l'obligation qui leur était imposée, mais l'administration les avait informés immédiatement que les logements devaient être effectifs, ayant été choisis dans les quartiers à la convenance des états-majors. Le directeur du crédit foncier alsacien-lorrain, fonctionnaire à la nomination de la chancellerie, pourtant, avait reçu le 17 au matin, la visite d'un officier subalterne, qui s'était fait ouvrir la porte de son appartement privé et avait jeté son dévolu sur le salon et la chambre à coucher de la maîtresse de la maison.

Cependant, deux heures avaient sonné; de tous les palais officiels, de tous les hôtels occupés par

CHAPITRE XII.

des dignitaires militaires, de toutes les administrations partaient des voitures au fond desquelles se prélassaient des personnages très chamarrés. Cette foule de généraux, d'administrateurs, de magistrats, d'employés de tous grades, se rendait à la gare et prenait place dans l'ordre hiérarchique, sur le quai d'arrivée. On remarquait au premier rang le général de Fransecki entouré de ses divisionnaires et de ses brigadiers, le président supérieur, M. de Mœller, et les chefs des divers services.

Autour de la gare, quatre vingts voitures découvertes, à quatre places, rangées par dizaines et portant à la hauteur du siège un immense numéro noir sur calicot blanc, attendaient les arrivants. On avait dû réquisitionner pour cet objet la moitié des voitures de place. Des corps de musique étaient installés dans les salles d'attente et hors du monument. La foule entourant la gare était uniquement composée de sociétés d'anciens militaires allemands, venues d'outre-Rhin ou recrutées en Alsace parmi les résidents prussiens, bavarois ou badois. Ces ex-guerriers, en habit noir, avaient été trempés de maîtresse façon par la plus jolie des averses de septembre. Le temps étant redevenu beau, un *temps impérial*, comme on dit à Berlin, ils s'apprêtaient à saluer Guillaume par des vivats enthousiastes.

En revenant de la gare, pour prendre possession de la fenêtre qui m'avait été réservée, je remarquais sur le parcours du cortège quelle pauvre réception la ville de Strasbourg allait faire à l'empereur. Sur le quai Kléber, à part les pavillons élevés sur mât par la municipalité et une seule maison militairement occupée et décorée de feuillages et de monogrammes, aucun drapeau. Les fenêtres de plusieurs maisons bourgeoises étaient fermées. A l'angle du pont de pierre et du faubourg du même nom, quelques fenêtres d'Allemands étaient pavoisées. Dans la rue de la Nuée-Bleue, où demeurent des généraux et de grands fonctionnaires, les drapeaux étaient moins rares, mais on remarquait les grandes maisons fermées de la banque d'Alsace-Lorraine et de M. Kablé, député de Strasbourg. Sur le Broglie même abstention. A part cinq ou six maisons et le café allemand, pas de banderolles. Le grand café de Broglie, en plein centre de la promenade, s'était refusé à arborer même le drapeau alsacien.

Le long de ces voies, la foule, composée mi-partie de soldats isolés, mi-partie d'employés civils et d'Allemands, était peu compacte. Bien qu'il fût défendu de passer sur la chaussée, les trottoirs n'étaient nullement encombrés. On pouvait circuler avec une facilité relative. Des soldats en grande tenue, mais sans fusil, formaient la haie.

L'empereur, qui avait fait un séjour de quelques heures à Bade, était légèrement en retard. Le passage du train impérial fut enfin signalé à Oos. Il franchit bientôt le Rhin et arriva en gare de Strasbourg à trois heures moins le quart. Pendant que Guillaume s'entretenait avec MM. de Mœller et Fransecki, l'impératrice était complimentée par un groupe de jeunes filles allemandes vêtues de blanc qui lui offraient des bouquets. Au dehors, méli-mélo sans pareil. Princes, princesses et généraux, prenaient d'assaut les voitures et s'occupaient de garder leur rang dans le cortège. Là, à la gare, au milieu d'une foule absolument allemande, près de ces musiques jouant l'hymne national, sous ces pyramides de fleurs et ces trophées aux couleurs prussiennes, l'empereur Guillaume a pu se faire illusion. L'enthousiasme était très réel, mais cela se passait en famille. Il n'avait pas franchi un espace de 100 mètres qu'il changeait d'atmosphère. Qu'on se figure l'impression d'un homme sortant d'une étuve à 75 degrés pour entrer dans une piscine d'eau glacée!

La voiture impériale, l'empereur occupant la droite et l'impératrice Augusta la gauche, s'était mise en route au petit trot : c'est ainsi qu'elle passa sous ma fenêtre. La rue de la Nuée-Bleue était silencieuse. Un groupe de soldats ayant murmuré une sorte de hurrah, le vieux Guillaume s'inclina et porta la paume de la main à la visière de son casque. Il saluait avec une certaine souplesse, malgré ses 82 ans, et souriait vaguement d'un sourire franc par le jeu des traits, faux par l'expression de ses yeux plissés. Il y a de la lassitude dans la pose, quoique les mouvements aient une certaine rapidité. La peau du visage est jaune, mais encore ferme. La terrible secousse de l'attentat Nobiling semble maintenant oubliée. Le regard a gardé sa vivacité. Il se fixait tantôt à droite, tantôt à gauche, cherchant dans la foule des visages amis.

L'impératrice Augusta, enveloppée dans un châle de dentelle blanche, se tenait très droite, un gros bouquet à la main. Elle saluait, en souriant, quand des Allemandes agitaient leurs mouchoirs aux fenêtres des maisons pavoisées. L'impératrice, assez raide d'attitude, les traits accusés, d'une taille au-dessus de la moyenne, assez maigre, ne paraît pas avoir 68 ans. L'œil est triste. Elle est aimée de ses peuples qui savent tout ce qu'elle a souffert, tout ce qu'elle souffre encore. La fille du grand-duc de Saxe-Weimar ne s'est jamais habituée à ce monde de soudards et de diplomates retors.

CHAPITRE XII.

Le prince impérial Frédéric-Guillaume, *notre Fritz*, est visiblement fatigué. Il porte beaucoup plus que son âge. Ses mouvements sont moins énergiques que ceux de son père. Il y a de l'ennui, du spleen même chez ce prince de 48 ans. Peu de jours avant son arrivée à Strasbourg, il s'était, il est vrai, relevé d'une crise rhumatismale qui l'avait un instant privé de ses jambes.

Il m'a semblé que les soldats allemands étaient assez avares de vivats en son honneur. Le prince Frédéric-Charles, dont la voiture venait la cinquième, a été au contraire très acclamé.

Les personnages impériaux et royaux, les souverains minuscules de la Confédération continuaient à défiler, sans même attirer l'attention du public, visages ternes, attitudes neutres que donne le long vasselage, situations équivoques; quand tout à coup un hurrah retentissant sortit des poitrines de tous les soldats. M. de Moltke défilait à son tour. Le vieux feld-maréchal, casque en tête, son grand corps maigre serré dans l'uniforme d'état-major, le dos voûté, la figure entièrement rasée, avec son œil vif, ses traits de vieille femme, sa vivacité de gestes, est l'idole des Allemands. Il saluait en véritable souverain. Ces journées-là lui sont précieuses. Il aime ces ovations et les recherche. On le voyait, peu de temps après l'arrivée de l'empereur, circuler à pied dans les rues, suivi de badauds, s'arrêtant auprès des postes, courant vers les endroits où se tenait la foule, souriant, heureux d'être reconnu et acclamé.

J'avais remarqué, au moment du défilé, l'espèce d'isolement dans lequel on avait laissé le représentant du royaume de Bavière, le général de Thann. Il est vrai que son roi n'avait pas cru devoir prendre part à ces fêtes, en compagnie des petits souverains confédérés.

Peu après l'arrivée de l'empereur et de l'impératrice au palais, dès que tous les princes, les hôtes de marque, les grands fonctionnaires, eurent gagné leur domicile, les attachés militaires entrèrent en ville à leur tour. Le duc de Manchester, dans son grand uniforme rouge avec sa toque anglaise collée sur le côté droit de la tête, attirait quelque peu l'attention. Il est connu en Allemagne, où il a épousé la fille du comte d'Alten. On donnait également un coup d'œil au superbe costume de l'attaché espagnol, ainsi qu'aux officiers chinois et japonais. Mais le lion du jour, parmi les étrangers de marque conviés à ces solennités militaires, devait être le général Skobeleff, le héros des montagnes Vertes devant Plewna. Tel je l'avais vu le 13 septembre 1877, après l'effroyable bataille dans laquelle il perdit les

CHAPITRE XII.

deux tiers de son effectif, tel je le revis à Strasbourg ; l'œil bleu vague, calme, souriant. De haute taille, mince, élancé, bien pris dans son magnifique uniforme vert et or de général de division, les traits réguliers, les moustaches et les favoris blonds, la tête haute, l'attitude énergique, Skobeleff était l'objet de la curiosité générale.

Aussitôt ce long défilé terminé, la ville reprit jusqu'au soir son aspect accoutumé. On commentait quelques incidents. L'empereur s'était, dit-on, montré très blessé de l'absence, à la gare, de notabilités, qu'il s'attendait à y rencontrer. Les lettres de refus adressées au comte Perponcher pour le dîner du 18, l'avaient également mis d'assez méchante humeur. Quant à l'impératrice, elle avait trouvé la ville très froide. On commençait à douter des intentions du gouvernement, au sujet des mesures libérales promises par les autonomistes et qui devaient coïncider avec la mise en vigueur du nouveau système gouvernemental.

Au palais, l'empereur avait invité à dîner les hauts personnages de sa suite et tous ceux des fonctionnaires ayant droit au titre d'Excellence. Ce repas de cérémonie, commencé de bonne heure, fut assez vite expédié. L'existence d'un empereur d'Allemagne, âgé de 82 ans, n'est pas précisément enviable. Après un voyage comme celui de Berlin à Kœnigsberg, et de Kœnigsberg à Strasbourg, Guillaume avait parcouru la ville, subi les harangues des fonctionnaires, les hurrahs des soldats, les présentations de personnes marquantes, le banquet. Il lui fallait maintenant se lever de table, assister au défilé des six cents musiciens de la retraite aux flambeaux et finir sa soirée au théâtre.

J'oubliais qu'à son arrivée dans la cour de la Préfecture, l'empereur avait fait, suivant sa vieille habitude, manœuvrer le piquet d'honneur à son commandement.

CHAPITRE XIII

Une grande ville qui veut rester froide. — Les illuminations de la cathédrale. — La retraite aux flambeaux. — Une étrange représentation de gala. — Le *Luxhoff*. — Dispositions prises pour la revue. — Arrivée des troupes à Kœnigshoffen. — Le champ de manœuvres. — Ordre de bataille. — L'empereur passant la revue. — Le défilé de l'infanterie. — Incident des bottes perdues. — La cavalerie. — Un caisson renversé. — La phalange macédonienne. — Une petite guerre contre un corps français. — Critique de l'opération.

Rien n'est plus difficile que d'échauffer une grande ville qui veut rester froide. On s'en aperçut pendant la soirée. Cette bande de comparses perdus dans Strasbourg ou assiégeant les brasseries disparaissait dans l'ensemble comme une nuée de gamins au sortir de l'école. Je n'ai jamais vu de population plus calme et plus indifférente que la masse des Strasbourgeois. Tout au plus remarquait-on, à l'extrémité du Broglie et sur la place Gutenberg, quelques groupes de curieux, jaloux de contempler l'illumination de la cathédrale. C'est de temps immémorial un spectacle recherché. Rien, en effet, de plus saisissant. Quand on allume les feux de Bengale à l'intérieur de la haute tour découpée à jour, c'est un incendie dans l'espace, un embrasement général au milieu duquel se détachent les dentelures de la pierre, les statuettes grimaçantes, les escaliers en vis, les gargouilles. On aperçoit de plusieurs lieues à la ronde ces jeux de lumière d'un caractère si fantastique. La plate-forme et la base du monument restent dans l'ombre.

Six cents musiciens, escortés de porte-torches, étaient partis de la porte des Juifs et avaient défilé, pour se rendre au palais, par des rues à peu près désertes. Les roulements tonitruants de tous les tambours de la garnison succédaient aux accords trop éclatants de ce concert monstre. En passant devant les fenêtres de l'empereur, la bourrasque devint ouragan. Les choristes émus poussaient des cris d'enthousiasme, les musiciens soufflaient avec fureur dans leurs instruments, Guillaume salua d'un geste et quitta le balcon.

Je m'étais réservé une place pour la représentation de gala. Rien ne m'avait été plus facile. On ne faisait pas queue au théâtre. Je n'oublierai jamais cette soirée, car de ma vie je n'ai vu une aussi singulière solennité. Les princes et les princesses en tenue de fête officielle, les hauts dignitaires avec grands cor-

CHAPITRE XIII.

dons en sautoir, les généraux et les officiers de tous grades fortement empanachés, quelques habits noirs de fonctionnaires à décorations jaunes, coupe berlinoise; puis une foule de vestons allemands et de chapeaux mous, des casquettes rouges à liséré bleu ou bleues à lisérés rouges, un paradis de l'Ambigu au temps de la direction Chilly; comme public féminin, un tas de gothons, luisantes de pommade, avec des mains de cuisinières et des flancs de porteurs d'eau. Voilà le tableau! Étrange charge poussée au grotesque du parterre de rois de Napoléon Ier à Dresde. En attendant l'empereur et l'impératrice, on se soûlait du fameux hymne : *Heil dir sin Siegeskranz* [1].

Guillaume, arrivé tard, était visiblement fatigué. On jouait en ce moment un vaudeville intitulé : *Un Duel américain*. La phrase : *Trois Allemands ne sont jamais d'accord*, prononcée par un des personnages de la pièce, fut soulignée par les éclats de rire de cette foule bigarrée. L'empereur goûta-t-il cette allusion? Je ne sais, mais il ne tarda pas à se retirer.

La représentation terminée, après le ballet des lourdes bayadères du théâtre de Francfort, l'Allemagne officielle se rua jusqu'à deux heures du matin sur les *moos* du Luxhoff. Le Luxhoff est une vaste

---

[1]. Salut à toi couronné par la victoire.

brasserie germanique située dans une ruelle, derrière la préfecture. Impossible pour un Français d'y pénétrer sans péril, dans un pareil moment, quand depuis le matin on y trinquait à la santé de l'empereur et roi. Les accents bachiques de cinq cents sous-officiers et d'autant d'employés à casquette plate, servis par des nymphes plantureuses ornées d'un large ruban aux trois couleurs prussiennes, maintenaient en alerte tout le voisinage. C'est une lourde et puissante gaieté que la gaieté allemande.

Les hurrahs devenaient de plus en plus fréquents, des hurlements féroces, des cris de sauvages en goguette dominaient le tumulte.

Les quartauts de bière, précipités dehors aussitôt vides, s'accumulaient en haute pyramide sur le trottoir. Quelques agents de police rangés en bataille au milieu de la rue ne parvenaient qu'avec peine à calmer des guerriers titubants qui jonglaient à la sortie avec leurs sabres-baïonnettes. Il était grand temps de rentrer. Sur les bancs du Broglie, des soldats étendus, la tête sur les genoux de quelques Gretchen secourables, dormaient.

La grande revue de l'empereur devait avoir lieu le lendemain et les manœuvres de corps d'armée commencer les jours suivants. Les meilleures dispositions avaient été prises pour empêcher tout dé-

CHAPITRE XIII.

sordre et renseigner le plus exactement possible les personnages de la suite impériale et les officiers appelés à jouer un rôle dans ces solennités militaires. Le jour même de l'arrivée de l'empereur, tous les officiers supérieurs et généraux des états-majors princiers, les attachés militaires, les chefs de corps et de bataillons recevaient sous pli à leur adresse les pièces suivantes :

1° Un état général, imprimé sur quatre colonnes, des souverains, princes, généraux, officiers des différents états-majors résidant momentanément à Strasbourg, avec leurs grades, dignités et emplois, l'adresse de leurs logements en ville, etc.[1] ;

2° Un programme des faits et gestes de l'empereur Guillaume, pendant son séjour en Alsace-Lorraine, avec indication exacte des heures d'arrivée, de promenade, de réception, de repas, de manœuvres, de voyage, de départ[2] ;

3° Un *Verther's-Nachrichten aus Strassburg*, petit guide de Strasbourg à couverture bleue contenant des renseignements beaucoup plus complets que ceux des volumes de Badeker ou de Joanne : l'adresse de

---

1. *Nachweisung der Wohnungen der zu den Manövern der 15º armée corps.*
2. *Programm für die Reisen seiner Majestät des Kaisers und Königs.*

tous les bureaux postaux et télégraphiques avec les heures des levées pour les différents points de l'empire et les prix d'affranchissement; les heures d'arrivée et de départ de l'empereur dans ses excursions; les heures d'arrivée et de départ de tous les trains de chemins de fer et des tramways; le nom de toutes les rues en allemand et en français avec un grand plan numéroté, permettant de les trouver instantanément;

4° Un ordre de bataille du 15° corps;

5° Un ordre de bataille des troupes sur le terrain de la grande revue;

6° Un ordre de défilé de ces mêmes troupes;

7° L'idée générale des grandes manœuvres sommairement rédigée;

8° Un petit livre sur la couverture duquel était gravé un extrait de la carte d'état-major, correspondant au terrain de la petite guerre du 20 septembre. Cet opuscule contenait toutes les indications et suppositions nécessaires aux spectateurs militaires et aux officiers engagés dans l'action;

9° Une invitation du général de Fransecky à la fête donnée au Casino militaire le 20 septembre;

10° Un programme des concerts.

J'ai toutes ces pièces en main et je n'hésite pas à reconnaître que, grâce à leur commodité, les choses se sont passées à Strasbourg avec le plus grand ordre.

Le lendemain, à sept heures du matin, je sortais de Strasbourg, en compagnie d'un certain nombre de compatriotes, parmi lesquels M. Barthélemy, rédacteur militaire de la *République française*. Un habitant de Kœnigshoffen avait bien voulu nous réserver un appartement, des fenêtres duquel nous pouvions voir passer les régiments se rendant sur le champ de manœuvres. La crainte d'une trop grande affluence nous fit abandonner dès neuf heures ce poste d'observation. Nous prîmes place des premiers dans les tribunes, dont les places avaient été louées par spéculation à des prix exorbitants. C'est sans doute à cause de cela qu'elles restèrent aux trois quarts vides.

Le passage des troupes à travers le long village de Kœnigshoffen s'était opéré avec la plus remarquable régularité, les soldats marchant au pas, quoiqu'en route, et ne perdant jamais leurs distances, les officiers usant pleinement de la liberté et de l'initiative qu'on leur laisse si sagement pour employer chacun à sa guise les formations qui lui plaisent le mieux. Les troupes portaient la grande tenue, pantalon blanc tombant sur la botte.

Les effets d'habillement des hommes, les harnachements des chevaux paraissaient tout neufs. C'était une véritable troupe de parade à laquelle il ne manquait rien. Nous pouvons ici rappeler qu'outre cette grande tenue et la petite laissée à la caserne, il existe dans l'armée allemande, pour chaque homme, une troisième *garniture* neuve dans le cas de mobilisation. Sous le rapport de l'habillement et de l'équipement, l'armée française est à 50 p. 100 au-dessous de l'armée allemande. Dieu sait cependant l'argent qu'on dépense !

Dès mon entrée sur le terrain de manœuvres où les troupes continuaient à arriver de leurs cantonnements respectifs, j'observai que, la revue étant fixée pour onze heures précises, les régiments ne piétinaient pas depuis l'aube sur leurs emplacements, comme cela se présente trop souvent chez nous. Ces retards sont on ne peut plus fatigants pour les officiers et les hommes.

Les régiments pénétraient chacun à son tour dans le champ de manœuvres, sans tambours ni trompettes, silencieusement. Le dernier bataillon était à peine à sa place de bataille quand l'heure de la revue vint à sonner.

Le terrain avait été suffisamment reconnu la veille. Des jalons de bois qu'on remplaçait, à l'heure dite, par des soldats, marquaient les deux lignes de bataille et la route du défilé. Aussi n'apercevais-je aucun officier d'état-major parcourant à fond de train le champ de Mars. Tout était calme; les mouvements préparatoires s'accomplissaient insensiblement et de la façon la plus régulière. La plupart des généraux se rendaient isolément en voiture ou à pied jusqu'au lieu du rendez-vous, suivant l'habitude allemande et ne montaient à cheval qu'à la dernière minute.

L'immense plaine choisie par l'état-major se prête merveilleusement à une opération de ce genre. 80,000 hommes y manœuvreraient à l'aise. Elle est placée dans le quadrilatère formé par les hauteurs d'Oberhausbergen, les routes ancienne et nouvelle de Saverne et les fortifications de Strasbourg.

C'est un carré de deux kilomètres de côté, légèrement ondulé vers le nord. Les deux lignes de bataille s'étendaient : le dos à la ligne des hauteurs, face à Strasbourg. Elles appuyaient leur droite à la nouvelle, leur gauche à la vieille route de Saverne.

La première ligne était formée de la droite à la gauche par les brigades Muller et de Bussche, de la division de Woyna, la brigade bavaroise de Muck et les brigades Berger et de Verdy du Vernois, de la division Ziemietzky. Elle occupait, dans sa formation normale, un front de 1,800 mètres.

La seconde ligne était formée, également de droite à gauche, par les brigades de cavalerie de Wright et de Suckow, de la division de Drigalski, l'artillerie et le train.

L'ensemble comprenait 35 bataillons d'infanterie, 37 escadrons de cavalerie, un bataillon du train, 84 pièces de canon.

A dix heures quarante-cinq minutes le dernier des bataillons occupait sa place de bataille, le premier était arrivé à neuf heures, la plus longue attente avait été de deux heures.

Peu à peu, pendant que les troupes prenaient leurs emplacements, les premiers rangs des tribunes s'étaient garnis. Sur le champ de manœuvres même, une foule considérable avait fait une subite irruption. Elle était jalonnée et maintenue par les gendarmes. On remarquait parmi ces curieux un certain nombre de réservistes portant à leur casquette un bandeau blanc, suivant l'ordre de la place de Strasbourg. Les tribunes n'étaient peuplées que d'Allemands d'outre-Rhin. Il y a peu de Strasbourgeois disposés à payer 15 francs pour voir l'empereur Guillaume à la tête de ses troupes.

La curiosité du public avait été vivement excitée vers dix heures et demie par l'arrivée successive des attachés militaires en grande tenue et des officiers généraux admis à suivre les manœuvres. Les princes vassaux, M. de Moltke, les généraux du grand état-major, les inspecteurs d'armée, entraient les uns après les autres, dans le vaste Hippodrome. Ils se rangeaient en ordre hiérarchique, à gauche des tribunes, sur un monticule dominant la plaine. Peu après, arrivaient les princes impériaux, la foule des généraux à la suite, les chambellans.

Nous avions sous les yeux un magnifique escadron bariolé d'au moins deux cents chevaux. Les uniformes blancs, rouges, verts, des Autrichiens, des Anglais et des Russes, contrastaient avec les sévères tenues prussiennes. Quelques hurrahs se firent bientôt entendre le long des tribunes ; c'était l'impératrice dans une calèche à six chevaux, avec sa fille la grande-duchesse de Bade. Enfin, un long murmure, un brouhaha indescriptible annoncèrent l'arrivée de l'empereur. Guillaume semblait moins fatigué que la veille. Il souriait à ce magnifique spectacle : les Vosges, la ligne des forts, Strasbourg et sa cathédrale, l'immense plaine avec ses deux lignes superbes de soldats dont les casques et les pantalons blancs miroitaient, sous un éclatant soleil de septembre.

Onze heures venaient de sonner. L'empereur, s'aidant d'un haut escabeau recouvert de velours qu'on traîne partout à sa suite, s'était mis en selle et avait pris place en tête de son état-major. Il montait un cheval alezan d'une taille très élevée, et dominait ainsi l'escadron princier. Les troupes avaient poussé les trois hurrahs réglementaires et les musiques commençaient leurs symphonies. Guillaume, droit sur ses étriers, ferme, la tête haute, s'avançait bientôt vers la première ligne de bataille, au petit trot, ayant à sa droite le commandant en chef du 15e corps.

Arrivé à l'extrême droite de la première ligne, l'empereur fit prendre à sa monture un pas relevé. Il parcourut ainsi tout le front de l'infanterie. Son nombreux état-major suivait à cinquante mètres de distance. L'inspection des deux lignes de bataille ainsi menée, dura vingt-cinq minutes. Pendant que Guillaume passait de la gauche à la droite devant l'artillerie et la cavalerie, l'infanterie avait pris ses dispositions pour défiler par compagnies déployées, bataillon par bataillon, à demi-intervalle. C'était, en d'autres termes, une colonne de bataillon formée comme la colonne de compagnie, les compagnies jouant le rôle des sections.

L'empereur, son état-major, l'impératrice, la masse des officiers isolés se dirigèrent alors vers le centre des tribunes. Guillaume se plaça à vingt pas en

CHAPITRE XIII.

avant de cette ligne. La brigade Muller, qui allait défiler la première, le régiment prussien n° 45 en tête, n'avait qu'à passer de l'ordre en bataille à l'ordre en colonne et à converser pour prendre sa direction. La piste de défilé était, en effet, perpendiculaire à l'extrême droite de la ligne de bataille. Parties de ce point, les troupes devaient parcourir environ huit cent mètres en ligne droite, avant de tourner à gauche pour aller prendre au loin leur formation de second défilé.

Les régiments se mirent en marche, dans l'ordre indiqué. Les musiques, les tambours et les fifres faisaient face à l'empereur et n'étaient relevés que par divisions.

C'est un spectacle des plus curieux qu'un défilé allemand. Les tambours majors arrivent en steppant, marquant d'un mouvement de canne automatique la cadence qui restera la même jusqu'à la fin du défilé. Les hommes marchent un pas de parade de 65 centimètres de longueur et de 100 à la minute et frappent la terre de leurs talons avec une régularité d'horloge.

Le régiment n° 45 de la province royale de Prusse tenait la tête. Les douze compagnies défilèrent assez bien alignées, mais un certain désordre se mit dans les rangs du 60ᵉ Poméranien, désordre dont on ignorait la cause et qui ne fit que s'aggraver quand vint le tour du 92ᵉ du duché de Brunswick. Les compagnies se creusaient démesurément au centre. Un léger murmure s'élevait dans les tribunes, murmure d'étonnement. Le défilé d'infanterie en colonne était décidément très médiocre et bien au-dessous d'un défilé français.

Tout à coup un rire bruyant, ce rire qui ne s'étouffe plus une fois lancé, un fou rire, un rire homérique, part du fond des tribunes, gagne la foule et s'élève de toutes parts, autour du vaste hippodrome, strident et goguenard. Le terrain déjà difficile s'est encore amolli sous le piétinement des premiers bataillons, et, quand la 60ᵉ brigade passe à son tour devant l'empereur, quelques soldats commencent à perdre leurs bottes, dont les talons sont restés enfoncés dans la glaise. Des hommes, forcés de quitter les rangs, s'assoient à terre, dans la boue, dérangeant ainsi le défilé. Ils essaient de remettre leurs chaussures sous les yeux d'un état-major ahuri. D'autres soldats n'osent s'arrêter et, abandonnant ces dépouilles opimes, défilent, à leur place, pieds nus, clopin-clopant. Et la foule alsacienne trépignait d'aise pendant que les Allemands des tribunes, très déconfits, s'en prenaient au destin. Pour un rien, ils eussent accusé les Strasbourgeois d'avoir fait arroser, de bon matin, le champ de manœuvres. Une corvée se mit à ramasser les bottes éparses. On les plaça en tas non loin des tribunes. Pour comble de maux, un régiment, en manœuvrant avant la revue, avait barboté dans une mare. Les superbes pantalons blancs s'étaient changés en bottes d'égoutiers. On entendait le flic-flac de la boue entre les cuisses des pauvres fantassins.

La foule ne reprit son sang froid qu'à la vue de la cavalerie. Celle-ci défila très bien, par demi-escadrons, les deux rangs emboîtés, l'alignement splendide. Les trente-sept escadrons présents formaient une superbe division. On admirait surtout les uhlans et certains régiments de dragons. Quant à l'artillerie, formée par batteries de quatre pièces, je n'ai jamais rien vu d'aussi médiocre. Les alignements étaient mauvais, un caisson fut renversé à cent mètres de l'empereur. Il n'y a aucune comparaison possible avec notre artillerie.

Il était une heure. L'empereur, depuis deux heures à cheval, ne s'était pas lassé. On préparait le second défilé. L'infanterie se forma par régiments en masse, deux compagnies accolées de front. Je ne connais rien de plus émouvant que ce spectacle. On dirait des phalanges macédoniennes hérissées de piques. Les officiers supérieurs et montés, réunis en peloton, en tête du régiment, défilent les premiers et se dispersent après le salut à l'empereur. Les trois drapeaux sont portés à deux pas en avant de la première ligne. La cavalerie, pour cette seconde parade, avait pris la formation en colonne serrée d'escadrons, et l'artillerie défilait par huit pièces.

Somme toute, la revue du 19 septembre m'a fourni l'occasion d'admirer, sans aucune réserve, l'art avec lequel l'état-major économise aux troupes les fatigues inutiles, le parfait état dans lequel se trouvent les corps des trois armes, sous le rapport de l'habillement et de l'équipement, la belle allure de la cavalerie. D'autre part, les défilés de l'infanterie et de l'artillerie ont été notablement inférieurs aux défilés français, en terrain semblable. On remarquera, cependant, que les alignements sont plus faciles à garder chez les Allemands que chez nous, par suite de la latitude laissée aux chefs des unités tactiques de ne pas se préoccuper des distances réglementaires. La colonne de défilé allemande est mise en marche à intervalles égaux. Peu à peu les distances s'augmentent ou se raccourcissent, et l'on voit des compagnies défiler les unes derrière les autres, comme si elles étaient en colonne serrée, ou garder des demi-intervalles, ou se permettre l'intervalle complet. Un défilé est ainsi

CHAPITRE XIII.

composé d'unités correctes, mais ne forme pas une opération d'ensemble. Les capitaines sacrifient tout à la cadence du pas et à l'alignement, sans se préoccuper de la longueur de ce pas. L'effet produit était si mauvais sur cette vaste plaine de Kœnigshoffen, que l'état-major, après le défilé de la première brigade, avait dû faire serrer en masse par bataillon, sur la compagnie de tête, aussitôt après le passage devant l'empereur. Ce mouvement très simple ne s'était pas lui-même accompli sans nombreux à-coups. Les rangs trop emboîtés se bousculaient et le désordre se mettait dans la colonne.

Les troupes bavaroises avaient été incontestablement les meilleures, tant en infanterie qu'en cavalerie. Les Poméraniens venaient ensuite. Le régiment noir de Brunswick paraissait le moins exercé. Quant aux effectifs, ils étaient inégaux dans les différents corps. Les compagnies les plus nombreuses avaient 125 hommes, les moins nombreuses 90 seulement. Les escadrons comptaient en moyenne 95 chevaux. Il n'y avait donc pas plus de 20.000 hommes présents à la revue de Kœnigshoffen.

L'empereur, descendu de cheval à trois heures moins vingt minutes, avait regagné Strasbourg en voiture. Le soir, au repas offert aux généraux, il porta ce toast amphigourique : « Je bois à la santé du 15ᵉ corps d'armée qui s'est acquis ma complète satisfaction, car il a montré qu'un solide perfectionnement et une véritable volonté militaire enseignent à surmonter toutes les difficultés. Vive le 15ᵉ corps d'armée ! »

Ce serait ne pas connaître la rieuse Alsace que de croire à son indifférence en matière d'incidents grotesques. L'histoire des bottes perdues et du défilé pieds nus détermina dans les cafés et les brasseries un assez joli mouvement de gaieté. Un correspondant anglais racontait que, dès la formation en bataille, plus de soixante paires de chaussures étaient disséminées çà et là. Pour rentrer en ville, il avait fallu faire monter, sur des prolonges, la troupe des va-nu-pieds. Les militaires étrangers, admis à suivre les manœuvres, commentèrent vivement le fait à l'hôtel de ville de Paris. Le règne de la botte prussienne que toute l'Europe voulait adopter était définitivement passé; *sic transit gloria mundi.*

C'était une mauvaise journée pour le général de Fransecki, mais le vieux guerrier ne s'en préoccupait qu'à demi. Il touchait, en effet, au terme de son commandement. La loi, sur l'organisation de l'Alsace-Lorraine, ayant stipulé que l'empereur déterminerait l'étendue des attributions souveraines qui seraient conférées au *Statthalter,* c'est-à-dire au feld-maréchal de Manteuffel, Guillaume s'était résolu à donner à ce quasi-souverain, le commandement général des forces cantonnées dans le pays d'empire[1].

Dès le matin du 20 septembre, je quittais de nouveau Strasbourg, pour assister à la bataille que le 15ᵉ corps allait engager contre un ennemi *marqué*. Le dispositif de cette opération de guerre était on ne peut plus intéressant. *Le corps marqué* figurait un corps français. L'opuscule dont j'ai précédemment parlé expliquait que ce corps, appartenant à une armée qui, après le passage des Vosges et l'occupation de Saverne, tenterait d'investir le camp retranché de Strasbourg, aurait pris position le 19 septembre sur une série de hauteurs, depuis Furdenheim, sur la nouvelle route de Saverne, jusqu'au delà de Dossenhein, près de la nouvelle route de la même ville, sur un front de quatre kilomètres.

Le général français était censé avoir sous ses ordres 20 bataillons, 20 escadrons, 48 pièces. Il se serait mis en route le 20 au matin, pour occuper les hauteurs du Souffelbach, de Stuzheim à Hurtigheim, à cinq kilomètres environ des forts nord-ouest de

---

[1]. Le général de Fransecki a été effectivement relevé de ses fonctions au commencement de novembre.

Strasbourg. Cette armée ennemie était simulée par un détachement de 6 compagnies et de 5 escadrons avec 12 pièces sous les ordres du général de brigade de Wright.

Voyons maintenant quelles dispositions avaient été prises pour s'opposer à cette tentative d'investissement. Le 15e corps, figurant une armée de secours allemande, était supposé avoir franchi le Rhin, le 9, à Kelh. La 31e division, marchant la première, aurait traversé Strasbourg dans la soirée et bivouaqué la nuit suivante à Kronenbourg, pendant que la 30e campait seulement sur les glacis de la place et que la cavalerie, l'artillerie et le gros matériel s'arrêtaient en ville. L'objectif de l'armée dans l'opération qu'elle allait entreprendre le 20 était d'empêcher les Français, par une attaque très énergique, de faire avancer de Saverne leur matériel de siège et leurs ponts de bateaux indispensables à l'investissement.

Ces données admises, le 15e corps s'était mis en route dès l'aube, en deux colonnes éclairées par la cavalerie, sur les deux routes de Saverne, presque parallèles, à 1800 mètres de distance. La colonne de droite, sur la vieille route, était formée par les régiments n°s 25, 105 et 126, avec 12 pièces et une compagnie de pionniers. Une forte avant-garde déployée dès l'arrivée, à portée des positions, était commandée par le général de Verdy du Vernois, et formée par le 47ᵉ régiment, 3 escadrons et 4 pièces.

La colonne de gauche, opérant par la nouvelle route, n'avait pour avant-garde que le bataillon de chasseurs bavarois, commandé par le lieutenant-colonel Popp. Elle était commandée par le général de Woyna et formée de la 30ᵉ division d'infanterie, de la brigade bavaroise de Muck et du 1ᵉʳ uhlans n° 4 avec 24 pièces.

A onze heures, l'avant-garde de Verdy du Vernois s'était étendue sur tout le front du corps d'armée, qui prenait ses dispositions de combat, sur la pente au-dessous de l'ancien télégraphe de Dingsheim, en arrière de la crête. Les soldats, ayant à la hâte pratiqué des tranchées abris dans un sol assez malléable, avaient ouvert le feu. Sur la gauche, en arrière de la crête, près du ruisseau le Souffel, la colonne de gauche se formait aussi, mais en première ligne, pendant que le bataillon de chasseurs bavarois la couvrait en crochet vers Ittenheim.

La cavalerie était massée sous le canon du fort d'Oberhausbergen (6 régiments et une batterie à cheval). La garnison de cet ouvrage s'apprêtait à soutenir les colonnes d'infanterie par le feu de ses canons à longue portée.

15.

Après une tiraillerie très nourrie de la première ligne, mais insuffisante, comme préparation d'attaque générale, les soutiens étant à peine à 80 mètres en arrière des tirailleurs, le corps d'armée entier, moins l'extrême droite, se porta en avant, sans réserve, baïonnette au canon, avec des hurrahs et des cris terribles. J'assistais à un combat de parade plutôt qu'à une action régulière. On voulait, sans doute, ménager l'empereur qui, posté sur la route, près d'Hurtigheim, était à cheval depuis près de trois heures.

La gauche fut écrasée par le corps marqué, après un énergique effort, et ramenée sur un parcours d'environ 1.200 mètres. Ces audacieux Français, repoussés par des feux de salve beaucoup trop multipliés, on prépara l'effort suprême par un feu d'artillerie général, auquel prit part le fort d'Oberhausbergen. Le 15ᵉ corps rentra en scène avec ses deux mêmes échelons trop rapprochés, sa première ligne coude à coude et le désordre ordinaire de l'instant psychologique. Je ne compte pas les invraisemblances, les deux adversaires se tiraillant à six pas, la cavalerie pour unique réserve. Il était plus de deux heures quand les Français, battus à leur tour, eurent la politesse de se laisser définitivement repousser vers Saverne, abandonnant aux vainqueurs leurs positions du matin.

CHAPITRE XIII.

Les officiers se réunirent ensuite, en cercle, près du village d'Hurtigheim. Il y eut une longue critique de l'opération par le général en chef, en présence de l'empereur, après quoi les troupes furent cantonnées. Elles allaient se mettre en route vers Hochfelden, où des opérations de guerre, division contre division, devaient avoir lieu, à partir du 22 septembre. J'ai suivi ces nouvelles manœuvres, à large objectif, jusqu'au dernier jour, mais la description en deviendrait, à la longue, fastidieuse pour le lecteur, et je préfère revenir à mes observations politiques et à l'étude complète des conditions dans lesquelles s'exercera le nouveau gouvernement alsacien-lorrain.

CHAPITRE XIV

La réunion des députés protestataires. — Résolution prise d'aborder le terrain électoral. — Une conversation politique. — But poursuivi par M. de Bismark. — Les nouvelles institutions. — Mode d'élection de la chambre alsacienne. — Le nouveau groupement des partis. — Les *centralistes* et les *particularistes*. — Le feld-maréchal de Manteuffel, son caractère, ses actes. — M. Herzog, ministre dirigeant. — Les sous-secrétaires d'État, MM. de Puttkammer, de Pommer-Esche, Mayr. — Le cas de M. Klein. — La nouvelle Chambre alsacienne. — L'avenir.

Quelques jours après mon retour à Strasbourg, le 12 septembre, j'avais appris qu'une importante réunion des députés alsaciens-lorrains venait d'être tenue chez M. Kablé. Il s'agissait d'arrêter une ligne de conduite raisonnée et définitive avant la mise en vigueur des nouvelles institutions. J'attendais impatiemment le résultat de ces délibérations. En effet, du vote que les députés de la protestation allaient émettre dépendait, en grande partie, l'avenir du gouvernement dit autonome.

Les onze représentants du pays d'empire, ayant examiné la question de savoir s'ils se présenteraient aux élections du nouveau *Landessausschuss* et prêteraient ainsi serment à l'empereur Guillaume, se prononcèrent, après un débat très vif, pour l'affirmative. La conversation suivante s'engageait, le jour même, entre un des notables alsaciens présents à la réunion et moi :

« Quelle est maintenant, selon vous, la portée de ce vote d'action?

— Elle est considérable. Nous venons de faire pièce à M. de Bismarck. Il s'attendait si peu à la résolution que nous avons prise, que toute l'économie de son projet avait pour base notre abstention définitive et irrémédiable.

— Mais votre seule présence au Reichstag lui défendait d'espérer que vous vous désintéressiez jamais des affaires du pays d'empire?

— Vous vous trompez. Le Reichstag n'aura plus maintenant à s'occuper que de loin en loin, en cas de conflit, des affaires d'Alsace-Lorraine. Voilà pourquoi tout Alsacien ou Lorrain raisonnable ne voit dans la nouvelle organisation qu'un instrument plus actif de propagande germanique. En effet, les questions qui nous intéressent étaient jusqu'ici discutées au Reichstag, c'est-à-dire au grand jour de la publicité. Les députés des deux provinces conquises ne formaient qu'une infime minorité dans la grande assemblée allemande, mais ils pouvaient au moins élever la voix du haut d'une belle tribune et se faire entendre, sinon de l'Allemagne sourde à nos maux, du moins de la France et de l'Europe libérale, au nom du suffrage universel. Maintenant que la délégation ou chambre alsacienne, qui ne jouira pas de la publicité des séances et dont l'origine sera le suffrage à deux degrés, considérablement mitigé, aura seule le privilège de s'occuper de l'Alsace-Lorraine, on étranglera toutes les questions, sans bruit, dans un coin. L'ordre régnera à Strasbourg. Députés d'Alsace-Lorraine au Reichstag, désormais privés du droit de discuter nos affaires, nous serons en tout point semblables aux députés de Bavière ou de Bade, qui n'ont mission de s'occuper dans la grande assemblée allemande que des questions intéressant l'empire et non des questions particulières aux États qui les ont élus. Comprenez-vous?

— Je comprends qu'on vous a fermé la bouche. C'est dans un simulacre d'assemblée élue par pression officielle que se discuteront les graves abus de tous les jours, et comme vous vous souciez médiocrement, j'imagine, des affaires de l'empire allemand, vous n'aurez plus à Berlin qu'un rôle absolument insignifiant.

— Vous l'avez dit. Il y a même lieu de croire que

nous siégerons fort peu au Reichstag. Ajoutez que M. de Bismarck ne pouvait supposer une minute que nous essayerions d'entrer dans la chambre alsacienne telle qu'il l'a conçue, par la porte du suffrage restreint et sous la dure condition du serment. Nous nous sommes résolus à ce sacrifice afin de lutter sur tous les terrains et de déjouer, s'il est possible, les projets du chancelier.

— Mais, de la façon dont la matière électorale est travaillée, réussirez-vous à pénétrer dans la chambre alsacienne?

— J'ai l'espoir que quelques-uns d'entre nous seront élus ou feront élire des candidats d'opposition[1].

— Quel est donc aujourd'hui, depuis le vote de la nouvelle loi d'organisation, le mode exact d'élection de la chambre alsacienne?

Le voici : Le *Landessausschuss*, hier délégation pure et simple des conseils généraux, est devenu une chambre à la suite de l'octroi du droit d'initiative, mais, par une anomalie sans exemple, ses séances ne sont pas publiques, et l'inviolabilité de ses

1. Cet espoir s'est, en effet, réalisé. Plusieurs députés au Reichstag de l'ancien parti de la protestation ont été élus par les Conseils municipaux, ainsi qu'un certain nombre de candidats indépendants.

membres n'existe pas. On a poussé les choses plus loin. Si la chambre, composée comme elle doit l'être étant donné son mode d'élection, émet, par extraordinaire, un vote contraire au gouvernement d'Alsace-Lorraine parlementairement représenté par M. Herzog, ministre du feld-maréchal de Manteuffel, le cabinet, non responsable, déclare qu'il y a conflit et l'affaire est portée devant le Reichstag. Celui-ci, institué juge souverain, possède non seulement le droit d'annuler la délibération du *Landessausschuss*, mais encore la faculté beaucoup plus exorbitante de voter, en son lieu et place, la proposition en litige qui, munie de cette sanction, prend immédiatement force de loi en Alsace-Lorraine.

— Il est risible de parler d'autonomie dans de pareilles conditions de représentation nationale et de déclarer en parlant du nouveau système qu'il constitue un progrès.

— C'est aussi ce que nous pensons et ce que nos orateurs ont suffisamment démontré à la tribune du Reichstag, quand s'est discutée la prétendue loi d'autonomie. Il y a recul et non progrès. Mais, connaissez-vous à fond le système d'élection de la Chambre alsacienne?

— Je sais qu'elle est choisie par les membres des conseils généraux et les délégués des conseils municipaux, et que les villes principales désignent chacune un représentant.

— Oui. Mais il y a des détails à prendre en note pour se rendre compte des supercheries du chancelier et du degré de libéralisme de nos institutions. La Chambre alsacienne, telle qu'elle sera constituée, en novembre, ne représentera en rien le pays d'empire. En effet, il nous arrive ce qui est arrivé en France, lors de vos premières élections sénatoriales. Les conseils généraux et municipaux n'avaient pas été élus en prévision d'un droit politique électoral à venir. En ce qui concerne particulièrement les conseils généraux, le serment étant obligatoire, aucun protestataire n'avait comme de juste brigué l'honneur d'en faire partie. Un seul des députés de notre groupe, M. Charles Grad, de Colmar, a siégé dans un conseil. Il n'y a donc pas, en réalité, suffrage à deux degrés. Ces assemblées, composées en majeure partie d'indifférents et de dépendants, sur lesquels l'administration a toute influence, vont, vous le voyez, jouir d'un droit peu en rapport avec leurs racines dans le pays. La simple loyauté aurait exigé de nouvelles élections. Quant au mode de recrutement, il est simple et en même temps très ingénieux. Notre Chambre, désormais composée de 58 députés, aura 35 de ses membres élus par les conseils généraux[1], 20 par les délégués des conseils municipaux, c'est-à-dire un par cercle, et 3 par les conseils des villes de Strasbourg, Colmar et Metz, chefs-lieux des trois districts.

— Vous aurez pour vous les villes et la majorité des délégués des conseils municipaux.

— Peut-être; mais voyez comme le prince de Bismarck semble avoir pris à cœur de se faire détester en Alsace-Lorraine. La nouvelle loi porte cette odieuse exception : « Dans les communes dont le « conseil municipal est suspendu, le droit électoral « est également suspendu. » M. Kablé, député de Strasbourg, a pu dire avec raison dans la séance du Reichstag du 23 juin dernier : « Le but spécial de ce « paragraphe, est d'exclure Strasbourg, la capitale du « pays de la participation aux élections du *Landess-* « *ausschuss...* » Il y a deux ans, le Reichstag a pris unanimement la décision d'engager le gouvernement à rendre à la ville de Strasbourg ses droits municipaux. Le gouvernement n'a tenu aucun compte de cette invitation émanée du Reichstag... Que le gouvernement, dans un projet de loi qui doit être un

---

1. La réélection des anciens membres de la délégation n'a pas eu lieu. On s'est borné à faire nommer par les Conseils généraux les quelques membres de plus que la nouvelle loi d'organisation leur donne le droit d'envoyer à la Chambre alsacienne.

pas vers l'autonomie du pays, se laisse aller à une pareille attaque contre Strasbourg, cela est injustifiable ; et si M. le député Schnéegans, né Strasbourgeois, se déclare pour les dispositions électorales de cette loi et frappe ainsi d'ostracisme sa ville natale, je ne m'en sens pas moins obligé de protester énergiquement contre cette nouvelle attaque aux droits de la cité que j'ai l'honneur de représenter. M. Kablé aurait pu ajouter qu'on le visait personnellement et que l'exception était faite pour lui. Cette injustice l'empêche d'autant mieux de faire partie de la Chambre que, par une autre disposition très savante, les seuls candidats possibles sont ceux qui ont élu domicile dans le district. M. Kablé est mis de cette façon hors la loi. Qu'en pensez-vous ?

— Je pense que l'arbitraire a rarement atteint de telles proportions.

— Vous voyez par là que l'autonomie alsacienne-lorraine, dont il a été si souvent question dans ces derniers temps, n'a rien à voir avec le nouvel instrument de germanisation, dont M. Auguste Schnéegans et ses rares amis se montrent si satisfaits. Les appellations dont on a l'habitude de se servir pour désigner les deux partis alsaciens sont mauvaises et vides de sens. Quand, au lendemain de la conquête, quand, en 1874, à son entrée au Reichstag, le parti de la protestation se bornait à faire campagne contre le traité de Francfort, à s'inscrire en faux contre cet arrêt prétendu de l'histoire, pour bien marquer son point de départ et sa pensée maîtresse, il méritait son nom; mais, dès l'instant où il a pris part volontairement, comme la force des choses le commandait, à la vie parlementaire, pour faire obstacle autant qu'il était en son pouvoir aux exactions de l'administration allemande, il est devenu un véritable parti *autonomiste*, dans le sens net et précis du mot, ou si vous le préférez, un parti radicalement *particulariste*. Aujourd'hui, notre unique moyen de nous rapprocher de la France n'est-il pas de nous éloigner de l'Allemagne? Plus nous serons maîtres chez nous, plus l'ancien esprit se maintiendra. Quant à notre indépendance, vous savez aussi bien que nous ce que nous en ferions si nous venions à la reconquérir.

« Par contre, le parti dit *autonomiste* ne saurait bénéficier de son nom que par antiphrase. Le fait de se déclarer satisfait des institutions actuelles, le classe définitivement. Il est inféodé, les discussions du Reichstag l'ont prouvé, à la politique du chancelier. Quel nom lui donner? Celui qui désigne les mêmes tendances, dans les autres États de la Confédération. M. Schnéegans et ses adeptes sont des *cen-*

CHAPITRE XIV.

tralistes allemands. Aucune autre désignation ne saurait leur convenir. »

Ces explications étaient utiles pour faire connaître la vraie situation politique de l'Alsace-Lorraine. Je ne crois pas qu'il puisse rester le moindre doute sur les intentions du chancelier.

Afin de ne plus revenir sur l'administration du pays d'empire, il me reste à parler des hommes nouveaux que le changement de gouvernement vient de faire entrer en scène et du mécanisme des services ministériels.

La chancellerie alsacienne-lorraine de Berlin est un rouage supprimé. Les pouvoirs que M. de Bismarck exerçait avec l'aide de M. Herzog, réunis à ceux dont M. de Mœller, président supérieur avait la charge, c'est-à-dire les pouvoirs gouvernementaux et exécutifs, ont passé le 1er octobre aux mains du feld-maréchal de Manteuffel *statthalter*. Ce lieutenant de l'empereur a pris possession plus récemment du commandement en chef des troupes, précédemment exercé par le général de Fransecki. Le baron de Manteuffel commandait au début de la guerre franco-allemande le 1er corps de la première armée, et après la signature de la paix, l'armée d'occupation, dont le quartier général était à Nancy. On sait qu'il a laissé dans cette ville la réputation d'un homme très courtois, diplomate, accueillant, animé de sentiments de justice. Feld-maréchal depuis 1873, il était en dernier lieu aide de camp de l'empereur et souvent employé à des missions délicates, témoin le récent voyage à Varsovie. Ses qualités incontestables de séduction l'ont fait choisir par l'empereur, comme les qualités de tact de M. de Mœller l'avaient autrefois désigné pour le poste de président supérieur. L'échec éprouvé par ce dernier, dans ces tentatives de conquête morale de l'Alsace-Lorraine, échec attribué par les feuilles allemandes à son manque d'énergie, avait rendu nécessaire, aux yeux de M. de Bismarck l'envoi à Strasbourg d'un militaire, d'un homme dont la main de fer serait recouverte d'un gant de velours. C'est, en effet, le rôle que semble devoir jouer M. de Manteuffel. On l'a vu, dès son arrivée, et dans son voyage d'installation, employer tour à tour la flatterie et la menace, reconnaître la légitimité des regrets manifestés par les populations conquises et se poser en vengeur des insultes qu'on adresserait à l'Allemagne, parler un langage tantôt biblique, tantôt philosophique. Rien n'y a fait, le *statthalter* a dû se convaincre quinze jours après son arrivée, que M. de Mœller lui a légué de bien gros embarras, des embarras presque insurmontables. Il ne modifiera pas plus que son prédécesseur, l'esprit des populations dans le sens de la *culture allemande*. Le vide s'est fait autour de lui. Il s'en est aperçu, à Metz, où le conseil municipal n'a pas voulu le voir.

Le feld-maréchal de Manteuffel est assisté d'un ministère alsacien-lorrain, dont le chef est le secrétaire d'État Herzog. C'est un homme politique à vues étroites, le type achevé du bureaucrate prussien. Son abord est raide et glacial. Il passe, me disait un Strasbourgeois, pour appartenir à la catégorie des grincheux. Cet ambitieux — il n'a que cinquante ans — a été le chef de la chancellerie alsacienne-lorraine à Berlin. Chose bizarre et qui montre bien la valeur de la loi d'organisation, M. Herzog, présentement ministre d'une Alsace-Lorraine dite autonome, s'est toujours montré à Berlin, dans les discussions du Reichstag, le plus ardent ennemi du système autonomiste. C'est le personnage en vue destiné à jouer le principal rôle. En effet, le ministère alsacien est composé de M. Herzog, seul ministre, et de sous-secrétaires d'État placés à la tête des divers services publics, mais avec des attributions semblables à celles des secrétaires généraux.

Le sous-secrétaire d'État à la justice est M. de Puttkammer, cousin germain de la princesse de Bismarck. Il est membre du Reichstag et siège à l'aile droite du parti national libéral. Il a précédemment exercé les fonctions d'avocat général à la cour de Colmar. On se plaît à reconnaître qu'il a rempli ce rôle d'une façon satisfaisante. Il dit être devenu Alsacien, et passe, en effet, pour s'être familiarisé avec la situation difficile faite à la population conquise. M. de Puttkammer a été le collaborateur de M. Herzog, dans la rédaction de la nouvelle loi d'organisation.

L'intérieur et les cultes sont placés entre les mains de M. de Pommer-Esche, également membre du Reichstag, mais appartenant au parti de l'empire. Il a exercé les fonctions de *Kreiss director* à Sarreguemines et s'est montré relativement modéré. MM. de Pommer-Esche et de Puttkammer, sont tous deux Prussiens. Ils parlent le français comme l'allemand.

M. Mayr, conseiller d'État, sous-secrétaire d'État des finances et des travaux publics est un Bavarois. On le dit homme de talent. Il a été commissaire du gouvernement au Reichstag pour l'établissement des tarifs douaniers. On l'appelle familièrement *Kleine Bismarck*, le petit Bismarck. Il possède toute la confiance du chancelier.

« Mais, dirait avec raison le premier étranger venu, ce ministère alsacien manque d'Alsaciens! » C'est, en effet, le propre de cette autonomie rare de n'admettre dans aucun service, aucun employé du pays, et de gouverner sans le concours des gens du pays. On avait pourtant réservé à M. Klein, Alsacien, pharmacien à Strasbourg, près de la place Gutenberg, le sous-portefeuille de l'agriculture et du commerce, mais cet homme d'État manque de décision. Il a commencé par répondre à M. Herzog : « J'aime mieux faire des pilules que d'en avaler ». Puis, ayant été reçu par l'empereur à Strasbourg, ce qui lui fournit l'occasion d'arborer un superbe drapeau en rentrant chez lui, il se décida à accepter sur le conseil des protestataires eux-mêmes. Il hésita de nouveau et finalement *adhuc sub judice lis est.* M. Klein, adjoint au maire de Strasbourg dans des temps difficiles, après la mort de M. Küss, a montré certaines connaissances administratives. Plus tard, président du conseil général de la Basse-Alsace et membre de la délégation, il est devenu, séduit par M. de Bismarck à la suite d'un voyage à Berlin, le premier père de l'autonomie.

Parlerai-je de la nomination de M. Schnéegans au poste de conseiller ministériel du cabinet Herzog? Le montrerai-je dans un avenir prochain, représentant du gouvernement d'Alsace-Lorraine au conseil fédéral, avec voix consultative? A quoi bon, et qui s'intéresse à ce renégat?

Voici donc les deux systèmes exécutif et législatif *dans toute leur beauté*. Résumons-les en quelques lignes. D'un côté, une Chambre sans action coercitive sur le cabinet; de l'autre, un ministère irresponsable, autorisé par la loi à se passer de la Chambre avec le concours du Reichstag; la Chambre, produit de la pression officielle, le ministère nommé et révocable par le gouvernement allemand. Aucune opposition possible. Si la Chambre, par extraordinaire, usait de sa dernière arme, le refus du budget, le Reichstag le voterait. Il en augmenterait même les chiffres pour punir le gouvernement d'Alsace-Lorraine de son audace. Au conseil fédéral, l'Alsace-Lorraine n'a pas voix délibérative. En fait, depuis la mise en vigueur de la nouvelle Constitution, rien n'a été changé dans les procédés de la dictature. La presse est toujours soumise à l'arbitraire. Les candidats aux élections récentes n'ont même pas trouvé de journaux pour insérer leurs professions de foi et la campagne électorale a été menée à coups d'illégalités par les *Kreiss directors*.

Le maintien en fonctions comme membres de la Chambre alsacienne des conseillers généraux qui faisaient partie de l'ancienne délégation, la pression officielle, le droit exorbitant laissé aux assemblées départementales de compléter sans être réélus le chiffre de trente-cinq députés, ont logiquement produit une Chambre en majorité autonomiste; cependant une forte minorité hostile à l'administration allemande a pu se faire élire par les conseils municipaux. On ne pouvait s'attendre à autre chose, et c'est déjà beaucoup que l'espoir de M. de Bismarck ait été déçu par la prestation de serment des protestataires. La première Chambre alsacienne sera relativement facile à conduire par le gouvernement. On doit le croire.

Mais toute médaille a son revers. De cet excès du mal naîtra peut-être le remède. Le suffrage universel aura son tour. Les conseils généraux étant investis maintenant du droit de nommer 35 députés à la Chambre alsacienne, leur renouvellement se fera dans le sens de l'opposition, puisque l'immense majorité des électeurs est opposante. Il se présentera des candidats anti-allemands, puisque la députation au Reichstag a pris le parti de prêter serment. Que dire des autres élections du Reichstag? L'Alsace-Lorraine ne prouvera-t-elle pas par la réélection de ses députés l'échec de la dictature Manteuffel comme les élections de 1878 ont prouvé l'échec de la dictature de Mœller? Et puis, il y a une question qui touche les autonomistes autant que les protestataires, celle du budget, du déficit, de l'emprunt[1]. Elle se posera avec d'autant plus d'énergie que l'installation du nouveau gouvernement correspond naturellement à une forte augmentation de dépenses. On a vu où en sont arrivés les Allemands, à Strasbourg, avec le gaspillage des ressources de la ville. C'est le propre des administrations non contrôlées, d'aller jusqu'au bord du fossé. C'est si commode de puiser dans une caisse toujours ouverte, de vaincre d'un mot les résistances, de vivre en pays conquis, mais ces agapes n'ont qu'un temps. En Alsace, autonomistes et protestataires sont écrasés d'impôts perçus, en grande partie, pour entretenir une nuée d'employés allemands. Voilà le ver dans le fruit.

1. La première demande d'emprunt a été faite par le gouvernement de M. de Manteuffel au commencement de décembre.

CHAPITRE XV

Les derniers jours passés à Strasbourg. — L'empereur et les populations. — Les dernières manœuvres. — Ce que Guillaume désirait savoir. — Sa tournée en Lorraine. — Son départ. — Les maladresses de l'Allemagne en Alsace-Lorraine. — Le mécontentement général. — Impressions de l'empereur. — Comment on aurait pu satisfaire l'Alsace-Lorraine. — Ce que fit la France de 1681 à 1789. — Les Allemands simples usufruitiers. — Les débuts de M. de Manteuffeul. — Les transfuges. — L'Alsace-Lorraine ne se germanisera pas.

Les deux premières journées de fêtes passées, Strasbourg était rentré dans le calme et le silence. Les comparses venus d'outre-Rhin avaient regagné leurs villages, emportant avec eux l'animation des rues principales, gorgés de bière, la poche lestée de quelques écus. L'empereur pouvait voir Strasbourg tel qu'il est. Il partait tous les matins pour Hohfelden où manœuvraient les troupes du 15ᵉ corps, et rentrait vers deux heures sans que son passage produisît en ville la moindre sensation. Les habitants allaient et venaient près de sa voiture sans s'arrêter, sans se découvrir, sans tourner les yeux de son côté.

Le 23 septembre, Guillaume, après avoir assisté près du village de Dinzenheim à la dernière grande action militaire, quitta sans grande pompe la capitale de l'Alsace. Arrivé à Sarrebourg à six heures, il repartit pour Metz et fut reçu par les autorités de cette ville à huit heures du soir. Le 24, à onze heures, il y eut grande parade de la 16ᵉ division et après midi dîner de gala. Les Lorrains ne se sont naturellement pas préoccupés de ces solennités militaires. Ici la plaie est toujours saignante, et l'administration n'a même pas tenté de simuler un enthousiasme que l'aspect général de la ville aurait trop facilement démenti.

Une seule chose tenait à cœur à l'empereur Guillaume dans son voyage en Lorraine : revoir les champs de bataille des 16 et 18 août 1870. Le 25, on le vit, accompagné d'un nombreux état-major, prendre la route de Jouy-aux-Arches, Corny et Novéant. Il avait voulu traverser la Moselle comme firent ses bataillons dans la journée du 15 août, et de Novéant remonter vers Gorze, abordant ainsi les plateaux par le côté allemand, le côté de l'attaque. A Gorze, il déjeuna dans la salle de la mairie, à l'endroit même où le prince Frédéric-Charles, dévoré d'inquiétudes le soir de la bataille du 16, avait rédigé les dépêches qui resteront comme un aveu de la défaite essuyée ce jour-là par les Allemands, défaite qu'un coup d'audace dans la matinée du 17 aurait pu rendre irrémédiable. De Gorze, l'empereur avait gravi les chemins montueux et les pentes de ravins qui conduisent à Vionville. Arrivé sur le plateau où ses troupes avaient pris pied, à hauteur de la première ondulation de terrain du sommet de laquelle on aperçoit Vionville, Guillaume se découvrit devant une pyramide composée de blocs de granit, élevée à la mémoire des officiers d'un régiment qui avait été à peu près détruit en cet endroit. Silencieux, on le vit passer en revue toutes ces tombes. Il continua sa funèbre tournée par Vionville, Rezonville, Gravelotte, la ferme Mogador et Saint-Hubert. Le lendemain, l'empereur quitta l'Alsace-Lorraine où il était resté huit jours.

J'ai voulu savoir aussi exactement que possible quelles impressions avait éprouvées le souverain allemand pendant son séjour sur la terre conquise et j'y suis arrivé. Les fonctionnaires gardent rarement un secret pour eux. Ils sont d'ailleurs, en Alsace-Lorraine, entourés de gens intéressés à connaître le fond des choses. L'empereur a été très frappé de ce fait que les populations, loin d'avoir progressé dans le sens allemand, se sont montrées beaucoup plus froides encore que l'année dernière.

Guillaume, nous l'avons déjà dit, n'est pas homme à se laisser grossièrement tromper. Il connaît à n'en pouvoir douter les véritables sentiments des provinces conquises. Les échecs constants essuyés par les fonctionnaires, les manifestations récentes du suffrage universel, suffiraient à l'éclairer. Mais il comptait cette fois sur un certain contentement des populations, à la suite du vote de la prétendue loi d'autonomie et conséquemment sur une abstention moins formelle des citoyens notables. J'ai dit ce que sont les nouvelles institutions et comment les jugent les députés d'Alsace-Lorraine.

L'empereur s'est heurté à un mécontentement général dont il a eu le sentiment dès le premier jour de son arrivée à Strasbourg. Les mesures mêmes prises par l'administration lui ont laissé deviner la gravité du mal. Il s'est bien vite aperçu, en présence de l'abstention générale des notabilités, que les promesses des autonomistes étaient vides de sens. L'Allemagne, en dotant l'Alsace-Lorraine d'institutions draconiennes, a fait œuvre une fois de plus de vanité et d'inintelligence. Les Allemands, qui ont la prétention de traiter *ex professo* toutes les questions de politique étrangère au point de vue *objectif*, ont commis maladresse sur maladresse en Alsace-Lorraine. Pas un de leurs hommes d'État n'a com-

CHAPITRE XV.

pris la vraie situation des provinces conquises. L'idée que l'Alsace ne professe aucune admiration pour l'œuvre germanique, ne nourrit aucun enthousiasme pour la patrie allemande, les met hors d'eux-mêmes. Ils demandent alors aux procédés de dictature les plus énergiques un apaisement fictif, tant leur orgueil souffre de voir ces provinces, restées si françaises, passer aux yeux de l'Europe pour une autre Vénétie [1]. Cette lutte ardente dans le but d'empêcher l'opinion de se manifester sur la rive gauche du Rhin creuse plus profondément encore le large fossé qui sépare l'Alsace-Lorraine de l'Allemagne. Elle rend impossible toute réconciliation.

La situation serait tout autre si M. de Bismarck n'avait fait en Alsace-Lorraine que de la politique d'avenir; si, comprenant et estimant les regrets des populations conquises, il avait nourri l'espoir de les amener à l'Allemagne, non pas en un an mais en cinquante ans; s'il les avait laissées s'administrer elles-mêmes au lieu de les placer sous le joug de trois mille employés étrangers qui les pressurent;

---

1. M. de Manteuffeul a cédé comme les autres à la tentation d'agir dictatorialement. Il maintient la censure sur les journaux; l'applique même au *Temps* jusqu'ici indemne. Le *statthalter* est aujourd'hui plus impopulaire que M. de Mœller ne l'a jamais été.

s'il les avait exemptées du recrutement jusqu'en 1891, époque à laquelle les jeunes gens de vingt ans seront seulement des Allemands fils de Français.

Mais demander à l'homme d'État dont on célèbre le génie et qui ne sera peut-être pour la postérité qu'un brouillon, à ce chancelier de fer qui change une fois par an le point d'appui de sa politique et noue tant d'alliances qu'il ne peut plus compter sur un seul allié, demander, dis-je, à M. de Bismarck de faire de la politique d'avenir serait conseiller à un prodigue de placer ses économies à la caisse d'épargne.

Les Allemands ressemblent à des usufruitiers besogneux. Ils mettent en coupe réglée les provinces dont un hasard de fortune leur a livré la jouissance *viagère*. Le chancelier de l'empire avait cependant un exemple à suivre : celui de la France. Strasbourg a gardé ses franchises après la conquête depuis 1681 jusqu'en 1789. « Son autonomie et ses immunités, dit M. Legrelle dans son livre, *Louis XIV et Strasbourg,* demeurèrent intactes au milieu même des pires abus de notre centralisation monarchique. Des dons gratuits y remplacèrent les tailles, aides et subventions. Nul collecteur d'impôts n'y fit son entrée en scène. Chaque citoyen porta lui-même sa quote-part périodique au Pfennig-Thurm, *la*

Tour des liards. » La révocation de l'édit de Nantes n'atteignit même pas les protestants de Strasbourg. Dans un mémoire officiel sur *l'État de la province d'Alsace,* cité par le même auteur et daté de 1701, il est dit : « Pour ne pas aliéner les esprits des habitants d'une place de cette importance, il est à propos de les maintenir dans leurs privilèges. » C'est par cette sage tolérance, cette politique d'avenir loyalement suivie, ce mépris de tout procédé de force, de tout moyen de compression, que la France est arrivée à conquérir non plus la terre mais le cœur de l'Alsace. Cent dix ans après la signature du traité d'Illkirch, au jour du péril, quand sa nouvelle patrie fut en danger, cette province, devenue peut-être la plus française de toutes, se dévoua héroïquement pour le salut commun et, d'elle-même, abdiqua des franchises jusque-là respectées et que l'émancipation de 1789 rendait inutiles, pour se fondre dans la grande unité nationale. Depuis lors n'a-t-elle pas été française, rien que française ?

Aujourd'hui, après neuf années de dictature, après le vote d'une loi d'organisation qui n'est qu'une risible parodie de constitution, comment les Alsaciens-Lorrains ne s'écrieraient-ils pas : « Vous garderez peut-être la terre, mais vous n'aurez jamais le cœur ! » Par quel miracle de la grâce se conver-

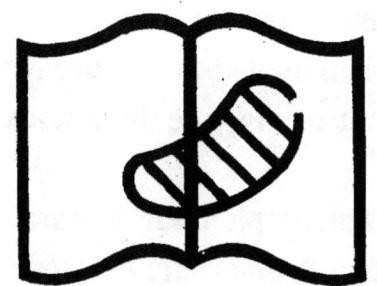

Illisibilité partielle

tiraient-ils à l'idée bismarckienne, c'est-à-dire à la plus dure des servitudes ? Le proverbe : « on ne prend pas les mouches avec du vinaigre », est éternellement vrai.

C'est ce dont l'empereur Guillaume s'est aperçu ; c'est ce dont il s'est plaint à M. de Mœller. Ce haut personnage se montra-t-il très affligé de la froideur de la réception? J'en doute. Accusé par les journaux allemands d'avoir manqué d'adresse, il n'a pu voir qu'avec une certaine satisfaction l'assez mauvais début de l'administration Manteuffel. Le silence des Strasbourgeois n'était-il pas la preuve du mécontentement produit par le vote de la nouvelle loi d'organisation ?

J'insiste d'autant plus sur le caractère réel de la réception faite à l'empereur, que les correspondants mal informés de quelques feuilles françaises ont avancé, à propos de cette solennité, que les amis de la France à Strasbourg sont maintenant en minorité. Savaient-ils seulement qu'il y a un an la ville a nommé député au Reichstag M. Kablé, candidat de la protestation avec deux mille six cents voix de majorité ?

Ces appréciations erronées produisirent à Strasbourg un effet d'autant plus déplorable que les feuilles allemandes n'étaient pas du même avis. Plusieurs d'entre elles n'avaient pas caché leurs désillusions. On a vu également en France des journaux porter aux nues les manœuvres du 15ᵉ corps, que la presse d'outre-Rhin, les attachés militaires et les correspondants de tous les pays ont jugées médiocres. Ces enthousiastes n'ont pas soufflé mot de la venue de milliers de Badois soldés, de la paie de *quatre marks* par tête donnée aux figurants du défilé des voitures de paysans alsaciens, du déguisement opéré au théâtre de Strasbourg, des uhlans costumés en cavaliers nationaux des plaines d'Alsace, du vide manifeste de la ville à la suite du départ des comparses, des menaces d'amendes et de fermeture d'établissements publics à ceux qui ne voulaient pas arborer des drapeaux, de la couleur de ces drapeaux en grande partie rouge et blanc, c'est-à-dire alsaciens.

Une chose avait par-dessus tout frappé de stupeur l'administration. Aux présentations officielles, le nombre des Alsaciens avait diminué depuis l'année dernière. On n'y avait vu que les palinodistes avérés, les transfuges de profession : Mgr Rœss, évêque de Strasbourg, dont on connaît la tenue au Reichstag en 74 et qui a jadis écrit cette phrase lamentable : « Il est ridicule de s'attacher à sa patrie avec une affection tenace ; la patrie ne rend heureux ni malheureux ; » MM. Schnéegans et North, députés autonomistes, l'un portant l'autre, scepticisme en quête d'une riche prébende et nullité grassement récompensée ; M. Klein, le pharmacien-ministre qui s'avouait Allemand avant 1870 et *tutti quanti ;* cinq ou six renégats de haute volée et quelques commerçants montrés au doigt dans Strasbourg, à plat ventre autrefois devant l'administration impériale et qui, restés dans cette position depuis que les Allemands occupent leur patrie, n'auraient garde de se déranger si les Français rentraient en Alsace.

Voilà l'hommage, le seul hommage des provinces conquises. Quand le vieux Guillaume demande à voir les représentants de Strasbourg, les notables, on lui exhibe cette douzaine de vendus. J'oubliais Zorn de Bulach, un ancien député officiel de l'empire qui a toujours voté avec le gouvernement, même la guerre de 1870, et qui joue le même rôle au *Landessausschuss* et le prototype du genre traître, celui sur la tête duquel tous les mépris ont passé, le comte de Durckeim-Montmarin, ancien inspecteur des télégraphes français, qui buvait le champagne à la santé de l'empereur Guillaume, le soir de la bataille de Wœrth, en compagnie d'officiers allemands, pendant qu'un officier français, son fils, blessé à mort le même jour, agonisait dans la pièce voisine.

Chaque ville a son traître connu, son Judas que la

population tient en quarantaine et que le *Kreiss director* sort d'une boîte dans les grandes circonstances. L'impératrice Augusta en a eu un haut-le-cœur. Elle est repartie pour l'Allemagne avant l'empereur, sans essayer de cacher sa tristesse. Guillaume quittant Strasbourg, traversa le Broglie. Deux cents personnes assises sur les terrasses des cafés ne se levèrent même pas. Personne ne se découvrait et les gestes automatiques de Guillaume portant la main à sa casquette tombèrent dans le vide.

Comment s'étonner qu'un journal allemand ait comparé après cela la situation des Prussiens en Alsace-Lorraine à celle des Autrichiens en Bosnie? Ces aveux de la presse germanique se multiplient. Les écailles lui tombent enfin des yeux. Elle est contrainte de constater que neuf années de dictature n'ont produit aucun effet et que rien ne permet d'espérer un meilleur avenir.

Le trompe-l'œil poussé à ses limites extrêmes, l'élévation d'une sorte de muraille de Chine entre la France et l'Alsace-Lorraine par la suppression des journaux, les fausses nouvelles lancées dans toute l'Europe par une presse savamment dirigée et soldée sur le fonds des reptiles, ont trop longtemps égaré l'opinion et donné le change aux esprits superficiels. L'heure de la réaction a sonné. Les feuilles allemandes qui s'étaient laissé prendre à leurs propres mensonges, sont aujourd'hui les premières à gémir sur la non-réussite des tentatives de germanisation. On convient que, de ce côté, tout reste à faire. M. de Manteuffel est devenu le *deus ex machina* sur lequel on compte pour amener des modifications dans l'esprit public et faire la fameuse conquête morale de l'Alsace. Nous savons maintenant à quoi nous en tenir sur la popularité du *statthalter*. Il est venu, il a parlé, il s'est agité dans le vide. La besogne qu'on lui a confiée est ingrate, d'autant plus ingrate que les événements européens paraissent moins favorables au maintien de l'hégémonie allemande et que la situation intérieure de l'empire devient plus mauvaise.

Le rêve que n'a pu réaliser l'Allemagne à son apogée, sous l'impulsion de la force acquise, quand sa suprématie militaire était indiscutée, quand nos milliards remplissaient ses caisses et que M. de Bismarck essayait, remplaçant Paris par Berlin, de faire de cette capitale perdue au nord, la reine des lettres, des arts et de la mode, le nouveau centre de l'univers, quand enfin l'empereur Guillaume, Charlemagne-caporal, jouait dans la trinité des empires le rôle de Dieu le père, est-il supposable qu'elle puisse l'accomplir aujourd'hui?

CHAPITRE XV.

L'empire d'Allemagne n'a pu se maintenir sur le faîte. Il descend maintenant le plateau et son horizon doré est obscurci. Des embarras financiers croissants, de détestables mesures économiques, des tergiversations sans fin dans la politique intérieure, des ingratitudes commises vis-à-vis d'alliés anciens, un isolement extérieur qu'on essaye vainement de masquer par des coups de théâtre sans portée, un relâchement appréciable dans les choses militaires, sont autant d'indices d'une réelle diminution de prestige. Nous la verrons s'accentuer de mois en mois. Elle aura son contre-coup en Alsace-Lorraine plus que partout ailleurs.

Une nation asservie, courbée sous le joug de fer de la dictature, mais vivante et robuste comme cette belle race d'entre Meurthe-et-Rhin, ne perd jamais la foi dans des jours meilleurs. Les moindres faits de politique générale la passionnent et l'enflamment. Elle observe et commente. Elle s'émeut de choses qui, dans d'autres circonstances, la laisseraient indifférente. Les échecs que subit son vainqueur l'affermissent dans sa résistance. Elle devient, au pied du conquérant, un boulet dont le poids l'entrave et le fera choir.

L'heure psychologique est passée. L'Alsace-Lorraine ne se germanisera pas !

J'ai quitté ces patriotiques provinces avec la ferme conviction que leur amour pour la France, loin de diminuer, s'est encore accru. Elles ont l'ardente volonté de ne jamais devenir allemandes et subiront, sans se plaindre, patiemment, aussi longtemps qu'il le faudra, la dure nécessité d'obéir au vainqueur. Les Alsaciens-Lorrains auront les yeux fixés sur l'horizon, jusqu'à ce que notre étoile se lève.

J'ai foi comme eux dans cette aurore.

FIN.

TABLE DES CHAPITRES

CHAPITRE PREMIER.

Ce que j'ai été faire en Alsace-Lorraine. — Une conversation en *sleeping car*. — La gare d'Avricourt. — La *restauration*. — Les chemins de fer alsaciens-lorrains. — Un enfant de cinq ans. — L'arrivée à Strasbourg. 1

CHAPITRE II.

Un cocher strasbourgeois. — Dans un hôtel français. — Les vieilles rues et les promenades. — Les soldats et les gamins. — Librairies allemandes et françaises. — Dans la cathédrale et sur la plate-forme. — Le temple Saint-Thomas. — Le Broglie et ses cafés. — La musique. — Un sous-officier alsacien. 23

CHAPITRE III.

Le caractère des Strasbourgeois. — Le jeu de M. de Bismarck. — Le mouvement de 1878. — Jugement d'un Prussien sur l'Alsace-Lorraine. — Les manifestations. — La vérité sur la germanisation. — Deux anecdotes. — Le chiffre de la population. — Le recrutement. — Les soldats alsaciens-lorrains. . 45

CHAPITRE IV.

Promenades autour de Strasbourg. — Le Rhin. — Kehl. — Kléber, Desaix, Rouget de l'Isle. — Les nouvelles fortifications. — L'agrandissement de la ville. — Histoire du conflit municipal. — MM. Humann, Pron, Küss, Klein, Bœrsch, Valentin. — M. Lauth, maire de Strasbourg. — La carte forcée allemande. — Le dictateur Bach. — Le déficit. — Le théâtre. —Les soirées de Strasbourg.—Un Français de dix ans... 67

CHAPITRE V.

Tournée militaire autour du camp retranché de Strasbourg.— La plaine de Kœnigshoffen. — Le fort Bismarck. — Faiblesse de cet ouvrage. — Les forts Grand-Duc-de-Bade et Prince-Impérial. — Un nouvel ouvrage. — Les forts de Roon, de Moltke et Fransecki. — Les défenses du sud et de l'est. — L'armée d'occupation. — Un souvenir de 1867. — Intérieur d'un fort. 83

CHAPITRE VI.

Le régime politique de l'Alsace-Lorraine depuis 1871. — Les opinions de M. de Bismarck en 1871. — Ses promesses. — Les *Kreissdirectors*. — Combien coûte l'administration? — Le nouveau système judiciaire. — Les cultes, la police, la gendarmerie. — Les règlements d'instruction publique. — Leurs effets. — L'Université de Strasbourg. — La bibliothèque. — Les conseils élus. 100

CHAPITRE VII.

Le système employé vis-à-vis de la presse. — La dictature. — Le *Journal d'Alsace*, M. Schnéegans. — La *Gazette de Strasbourg*. — Les *Neueste Nachrichten*, l'*Elsaessisches Volksblatt*.

— *L'Industriel alsacien,* l'*Express.* — Les journaux de Lorraine : le *Courrier,* le *Metzer Zeitung,* le *Vœu national,* le *Moniteur de la Moselle.* — Les journaux de cercles. — Ce qui est permis et ce qui est défendu. — La censure vis-à-vis des feuilles françaises : comment elle s'exerce. — Les fausses correspondances. — Les sous-préfets courtiers d'assurances. — L'opinion des paysans.................. 119

CHAPITRE VIII.

Les préparatifs de fêtes. — L'armée d'occupation. — Son cadre et ses effectifs. — Projets nouveaux. — Une manœuvre de brigade au polygone de Strasbourg.............. 140

CHAPITRE IX.

Arrivée du grand-duc de Bade. — Une brigade à inspecter. — Un combat de parade. — Le défilé devant une altesse. — La conférence. — Sainte-Odile. — Les manœuvres de division. — Critique des méthodes allemandes. — L'initiative des chefs. — La discipline et le silence. — Quelques anecdotes. — Un trompe-l'œil..................... 157

CHAPITRE X.

Voyage à Metz. — La nouvelle ligne stratégique. — La gare de Metz. — Une ville morte. — Attitude de la population. — La statue de Fabert. — L'administration allemande. — Les troupes. — La cathédrale et le cimetière Chambière. — Le monument élevé aux soldats français. — L'esplanade. — La colonie des fonctionnaires. — Les officiers à table. — Un repas chez M. S... — L'opinion en Lorraine. — Une souscription *volontaire*.................. 176

CHAPITRE XI.

Le camp retranché de Metz. — Ses défenses intérieures et extérieures. — Les forts Frédéric-Charles et Manstein. — Le fort Avensleben. — Les forts Manteuffel, Gœben, Prince-de-Wurtemberg. — Une visite aux champs de bataille des 16 et 18 août 1870. — Entre Rezonville et Vionville. — Souvenirs de la bataille. — Les monuments funèbres. — Frédéric-Charles à Gorze. — Cette ville, son passé, son présent. — Novéant-sur-Moselle. — Rentrée à Metz.. . . . . **200**

CHAPITRE XII.

Préparatifs pour la réception de l'empereur Guillaume. — Installation des appartements princiers. — Princes allemands et personnages de la suite. — Les attachés étrangers. — L'enthousiasme au rabais. — Aspect de la ville et dispositions des habitants. — Arrivée de l'empereur. — Le défilé des princes. — *Notre Fritz*. — L'impératrice Augusta. — M. de Moltke. — Le dîner de gala.. . . . . **222**

CHAPITRE XIII.

Une grande ville qui veut rester froide. — Les illuminations de la cathédrale. — La retraite aux flambeaux. — Une étrange représentation de gala. — Le *Luxhoff*. — Dispositions prises pour la revue. — Arrivée des troupes à Kœnigshoffen. — Le champ de manœuvres. — Ordre de bataille. — L'empereur passant la revue. — Le défilé de l'infanterie. — Incident des bottes perdues. — La cavalerie. — Un caisson renversé. — La phalange macédonienne. — Une petite guerre contre un corps français. — Critique de l'opération. **241**

CHAPITRE XIV.

La réunion des députés protestataires. — Résolution prise d'aborder le terrain électoral. — Une conversation politique. — But poursuivi par M. de Bismarck. — Les nouvelles institutions. — Mode d'élection de la Chambre alsacienne. — Le nouveau groupement des partis. — Les *centralistes* et les *particularistes*. — Le feld-maréchal de Manteuffel, son caractère, ses actes. — M. Herzog, ministre dirigeant. — Les sous-secrétaires d'État, MM. de Puttkammer, de Pommer-Esche, Mayr. — Le cas de M. Klein. — La nouvelle Chambre alsacienne. — L'avenir. 264

CHAPITRE XV.

Les derniers jours passés à Strasbourg. — L'empereur et les populations. — Les dernières manœuvres. — Ce que Guillaume désirait savoir. — Sa tournée en Lorraine. — Son départ. — Les maladresses de l'Allemagne en Alsace-Lorraine. — Le mécontentement général. — Impressions de l'empereur. — Comment on aurait pu satisfaire l'Alsace-Lorraine. — Ce que fit la France de 1681 à 1789. — Les Allemands simples usufruitiers. — Les débuts de M. de Manteuffel. — Les transfuges. — L'Alsace-Lorraine ne se germanisera pas. . . . 281

www.ingramcontent.com/pod-product-compliance
Lightning Source LLC
Chambersburg PA
CBHW071520160426
43196CB00010B/1597